幼儿园节日活动设计与指导

周丽君 武晓燕 编著

北京师范大学出版集团
安徽大学出版社

图书在版编目(CIP)数据

幼儿园节日活动设计与指导/周丽君,武晓燕编著. —合肥:安徽大学出版社,2021.12
(幼儿教师指导丛书)
ISBN 978-7-5664-2291-0

Ⅰ.①幼… Ⅱ.①周… ②武… Ⅲ.①节日-教学活动-学前教育-教学参考资料 Ⅳ.①G613

中国版本图书馆 CIP 数据核字(2021)第 205834 号

幼儿园节日活动设计与指导

YOU'ERYUAN JIERI HUODONG SHEJI YU ZHIDAO

周丽君　武晓燕　编著

出版发行：	北京师范大学出版集团 安徽大学出版社 (安徽省合肥市肥西路3号 邮编230039) www.bnupg.com.cn www.ahupress.com.cn
印　　刷：	安徽省人民印刷有限公司
经　　销：	全国新华书店
开　　本：	184 mm×260 mm
印　　张：	11.5
字　　数：	183 千字
版　　次：	2021 年 12 月第 1 版
印　　次：	2021 年 12 月第 1 次印刷
定　　价：	35.00 元

ISBN 978-7-5664-2291-0

策划编辑：李海妹　　　　　　装帧设计：李　军
责任编辑：李海妹　　　　　　美术编辑：李　军
责任校对：马晓波　　　　　　责任印制：陈　如

版权所有　侵权必究

反盗版、侵权举报电话：0551—65106311
外埠邮购电话：0551—65107716
本书如有印装质量问题,请与印制管理部联系调换。
印制管理部电话：0551—65106311

目 录

❖理论探究篇❖

节日体验课程研究溯源 ………………………………………………… 3
节日体验课程的结构 …………………………………………………… 9
节日体验课程资源的开发和整合 ……………………………………… 15

❖活动设计与指导篇❖

欢欢喜喜闹元宵——元宵节主题活动一 ……………………………… 21
欢欢喜喜闹元宵——元宵节主题活动二 ……………………………… 25
学习雷锋好榜样——学雷锋纪念日主题活动 ………………………… 29
拥抱春天,快乐成长——植树节主题活动 …………………………… 34
爱水·节水·护水——世界水日主题活动 …………………………… 42
缅怀先烈,感悟成长——清明节主题活动 …………………………… 51
书香润童心,好书伴成长——世界读书日主题活动 ………………… 60
劳动最光荣——国际劳动节主题活动 ………………………………… 63
防灾减灾,从我做起——防灾减灾日主题活动 ……………………… 77
亲亲我的好妈妈——母亲节主题活动 ………………………………… 90
童心飞扬,快乐成长——儿童节主题活动 …………………………… 99
粽叶飘香,品味端午——端午节主题活动 …………………………… 111
父爱如山,"爸"气十足——父亲节主题活动 ………………………… 119

暖暖教师节,浓浓师幼情——教师节主题活动 ……………… 128

团团圆圆庆中秋——中秋节主题活动 ……………… 134

我是中国娃——国庆节主题活动 ……………… 142

祖孙情,重阳乐——重阳节主题活动 ……………… 151

大手牵小手,消防119——消防安全日主题活动 ……………… 159

情暖冬至,传承民俗——冬至节主题活动 ……………… 164

欢欢喜喜迎新年——新年主题活动 ……………… 168

后　　记 ……………… 175

理论探究篇

节日体验课程研究溯源

一、节日体验课程研究的重要性

节日在人们心中往往代表着温暖、美好和快乐,它承载着优秀的文化,蕴藏着宝贵的教育资源,是传承民族文明的重要载体。在幼儿园的各种实践课程中,几乎每一种课程都会涉及"节日"这一主题,如国内的课程常常会围绕国庆节、中秋节、重阳节等节日开展主题活动。陈鹤琴、张雪门等教育家也非常注重利用节日进行教育,尤其是民族传统节日的教育价值,将它们作为重要的课程内容,并在具体的办园实践中加以利用。但遗憾的是,目前人们对传统节日的文化内涵理解不深,即使开展节日活动,也只是单纯地追求热闹,出发点多是为了"成人的需要",而不是促进幼儿的发展。

传统节日一般具有浓厚的生活气息,文化底蕴丰厚,它们对儿童的成长特别是他们的社会化发展具有重要价值。

虽然各个节日的名称、意义及庆祝方式千差万别,但是它们带给人们的总是期盼、温馨、快乐和美好的情感体验,都有一个共同的内涵:爱——祖国之爱、民族之爱、社会之爱、自然之爱、家人之爱……在教育越来越重视多元文化的今天,对节日文化价值的发掘越来越重要。

二、节日体验课程研究的基础

(一)品味节日,挖掘节日的文化内涵

每一个节日都蕴含着深刻的历史文化价值和人文价值。我们组织教师学

习节日习俗,要求他们不仅要了解并熟悉节日活动的表现形式,而且要通过学习、分析,挖掘节日的精神内涵。我们将节日活动课程定位为重过程与学习品质、重体验与参与的探究性课程。

(二)研读理论,让理论支撑主题构架

我们在实践中围绕《幼儿园教育指导纲要(试行)》和《3—6岁儿童学习与发展指南》,让教师们活学活用,为幼儿营造自由、宽松、民主、和谐的活动氛围,组织开展有利于动脑、动手的节日体验课程,让幼儿在看一看、说一说、想一想、做一做的过程中主动、独立地学习和创造。我们要培养的是乐参与、喜体验、善探究、爱表达、敢创造、会合作的幼儿。

(三)善用家长资源,打造精彩活动

家长们拥有不同的职业、不同的生活环境、不同的知识技能,他们的知识技能、宝贵经验等都是可利用的资源,我们深入挖掘家长资源,与家长共同谋划开展精彩的节日活动,以获取最好教育效果。家长们以"爸爸老师""妈妈老师""家长志愿者"等身份参与活动,充实了幼儿园节日活动内容,充分发挥了家长的优势,引导幼儿对节日文化产生浓厚兴趣。

(四)巧用节日资源,创设主题环境

环境是幼儿感受节日氛围、体验节日习俗、了解节日内涵的有效媒介。围绕每一次节日活动的教育内容,教师们通过创设具有浓厚节日文化氛围的主题环境、丰富各区角游戏内容,使幼儿园的整体环境和各班的角角落落都充满着浓浓的节日氛围,真正发挥环境的教育作用。

(五)活用自然资源,拓展活动空间

大自然是孩子最好的老师,在自然环境中,幼儿的思维更加活跃,学习的主动性更强。清明节、植树节、消防日、重阳节时组织幼儿参加户外体验活动,让他们直接感知与亲身体验环境,产生好奇心和探究欲望,使他们敢问、敢说、敢做、敢质疑;引导幼儿大胆探索,积累经验;鼓励幼儿在与同伴交往和协作的

过程中进行交流、反思和总结。幼儿探究的过程便是经验建构的过程。

三、节日体验课程研究的意义及价值

(一)节日中的文化价值

1. 诗词歌赋

节日蕴含着丰富的文化内涵,诗词歌赋中有许多跟节日相关的内容。如《清明》:"清明时节雨纷纷,路上行人欲断魂。借问酒家何处有,牧童遥指杏花村。"《元日》:"爆竹声中一岁除,春风送暖入屠苏。千门万户曈曈日,总把新桃换旧符。"《端午》《九月九日忆山东兄弟》……跟节日有关的诗词不胜枚举。其中有的描绘与节日有关的自然景观,有的表达节日期间的快乐心情……

2. 饮食文化

众所周知,节日里蕴藏着丰富的"吃"文化。从某种程度上说,我们的节日就是一路"吃"过来的,如春节吃饺子,正月十五吃元宵,端午节吃粽子,中秋节吃月饼,等等。而且,绝大多数节日都是在古老祭祀活动的基础上发展起来的,这些伴随着祭神、祭祖以及节日活动出现的食物,都承载着深厚的民俗情感,为中华民族饮食文化的发展奠定了基础。

3. 服饰文化

每逢节日,人们都会穿上盛装,尤其是在春节的时候。可以说,节日是一个民族特色服装的展示机会。与便装相比,节日服装往往庄重、讲究,它更注重节日文化内涵的表达与展示,是我们研究一个民族的历史、文化、艺术等的重要内容,具有重要的历史认知价值、艺术价值、文化价值。

4. 民俗文化

节日蕴含丰富的民俗内涵,与人们的生活密切相关。比如,在端午节这一天,人们会吃粽子、划龙舟、挂艾草等;中秋节这天,人们会赏月、赏花灯、吃月饼、庆团圆等;重阳节这天,人们会登高、插茱萸、喝菊花酒、吃重阳糕。如今,重阳节还被称为"老人节",提倡敬老、爱老、助老;在春节期间,家家户户都贴春联、挂年画、贴窗花、互相拜年,人们忙着发红包、穿新衣、吃饺子……围绕节日形成的民俗文化丰富多彩,节日活动极大地丰富了人们的物质生活和精神生活。

(二)节日体验课程的教育价值

1. 节日体验课程有利于培养幼儿良好的道德品质和行为习惯

节日文化中蕴含敬老爱幼、吃苦耐劳、与人为善、爱国爱民等优良传统。利用节日活动对幼儿进行德育教育,既是探索节日的文化底蕴与时代精神,又能够挖掘节日文化的教育潜能,对于培养幼儿良好的行为习惯有很大帮助。

"三热爱"是幼儿园德育教育的基本内容,通过开展国庆节、"七一"建党节、"八一"建军节等节日活动,可以培养幼儿热爱祖国、热爱党、热爱解放军的思想感情;通过开展父亲节、母亲节、三八妇女节、重阳节等节日活动,可以培养幼儿关心父母,进而热爱和关心老师、学校等感情;通过开展植树节、学雷锋主题日、劳动节等系列活动,可以培养幼儿的劳动意识、良好的道德品质和行为习惯,使他们在社会化的过程中,习得必要的社会规范,懂得理解他人,掌握与人合作、交往的基本技能。

2. 节日体验课程有利于培养幼儿与自然和谐相处的正确态度和能力

中国传统节日植根于中国古代的农业社会文明,对节日的庆祝表达了人们祈盼农业生产风调雨顺的愿望。在节日中,人们非常注重人与自然的亲近。如在清明节踏青休闲,在端午节举办划船比赛,在中秋节欣赏明月,等等。这些节日活动都可以让人们亲近大自然,感受"天人合一"的氛围,使人们更加注重自身与大自然的和谐相处。

3. 节日体验课程有利于增进幼儿对传统文化的认识,有利于增强幼儿的民族归属感和自豪感

中国的传统节日丰富多彩,每个传统节日都有特别的习俗,如团拜、探亲等活动密切了与周围人的关系;节日化装巡游、敲锣打鼓、开展竞赛活动,增强了人们的情感依赖和精神交流,使人际关系更加和谐,社会秩序更加稳定。元宵节吃汤圆、中秋节吃月饼等都表达了人们团团圆圆、和谐美好的愿望。清明插柳、端午插艾草、重阳插茱萸,这些习俗表达出人们驱恶辟邪的意愿。幼儿参与节日活动能更加了解、认同传统文化,逐渐增强作为一名中国人的自豪感。

4. 节日体验课程有利于幼儿五大领域全面发展

从幼儿园课程的五大领域角度来分析,我们发现节日体验课程包含了五大领域的活动内容,能够促进幼儿的全面发展。

(1)健康领域。节日体验课程渗透到健康领域教育中,可以使幼儿进一步体验气候变化对身体的影响,学习更好地照顾自己身体的知识和技能。比如在"爱耳日"活动中了解如何爱护自己的耳朵,在"爱眼日"活动中学习如何保护自己的眼睛等。

(2)语言领域。与节日有关的谚语、古诗、故事、歌谣等都是可以利用的语言教育资源,吟诵和理解这些诗歌、歌谣、谚语等,能够提高幼儿的语言表达能力和审美能力。

(3)社会领域。与节日相关的娱乐活动、仪式活动均具有文化色彩。节日活动能够增强幼儿对传统文化的认同感,促使他们萌发对祖国的热爱之情,形成良好的行为习惯和道德品质。

(4)科学领域。《3—6岁儿童学习与发展指南》指出儿童发展的科学领域有三大目标:一是亲近自然,喜欢探究;二是具有初步的探究能力;三是在探究中认识周围的事物和现象。节日体验课程可以引导幼儿探究季节、天气、人物等与节日的关系,让幼儿多看、多想、多思。在这个过程中,幼儿学会运用多种科学探究方法,如观察、比较、记录等探究问题,通过长期的操作和积累,会提高科学探究能力。

(5)艺术领域。《3—6岁儿童学习与发展指南》指出艺术领域教育是充分创造条件,让幼儿发现美、感受美、创造美,在节日里开展艺术教育,能够提高幼儿的艺术素质。节日活动能够使幼儿感到身心愉悦,得到美的熏陶。

幼儿教育应以节日活动为载体,整合幼儿园、家庭、社区资源,带领家长和幼儿共同走近节日,细细品味节日,以快乐体验和自主发展为核心理念,以爱的情感教育为落脚点,以家园互动和社区参与为主要特色,追求幼儿、家长、教师在节日的欢快气氛中和谐共处、共同发展。

幼儿园应力争通过开展生动活泼、丰富多彩的节日体验课程,引导幼儿树立正确的道德意识,使他们更加懂得爱的含义,学会表达心中的爱,把美好的情感传递给身边的每一个人,为幼儿形成健康、积极、向上的人生观和培养幼儿良好的人格品质奠定坚实的基础。

节日体验课程的结构

一、节日体验课程的目标定位

1. 结合时代特点、幼儿发展需要及发展水平,根据不同节日习俗,开展形式多样、幼儿喜闻乐见的教育活动。重视幼儿的体验和感受,在教师的教育引导和幼儿的自主体验过程中,让幼儿感受并表达过节的快乐和爱的情感,让幼儿感受生活的美好。

2. 通过多种途径,对3—6岁幼儿进行爱的启蒙教育,重视对幼儿良好的学习习惯的培养。

3. 多采用家园联合的亲子活动方式,在家长支持和参与下开展节日活动,并通过"小手牵大手"等形式把爱的情感教育向家庭和社会延伸,努力为幼儿的发展提供良好的环境,提升教育品质。

4. 提高教师的教育科研、组织策划、沟通协调等能力,鼓励教师设计适合不同年龄幼儿的节日活动方案,促进教师的专业化成长。

二、节日体验课程目标体系的内容

节日体验课程目标体系包含课程总目标、节日活动主题目标以及具体活动目标三个层次。课程总目标是结合各个节日而设定的宏观的、统领性的目标,它处于目标体系的顶层,是节日体验课程所要实现的最终目标;节日活动主题目标是教师对主题活动的基本任务的表述;具体活动目标则是将主题目标进一步细化,主题目标通过具体活动实现。

本着尊重幼儿、贴近幼儿生活、促进幼儿发展的原则,我们主要通过主题教学活动、日常生活活动与区域活动、亲子活动及幼儿园大型节日活动等多种活动形式构建节日体验课程的内容框架。具体来说,在主题教学活动中实施的节日课程主要有:元旦节(1月1日)、元宵节(农历正月十五)、世界读书日(4月23日)、国际劳动节(5月1日)、端午节(农历五月初五)、教师节(9月10日)、中秋节(农历八月十五)、国庆节(10月1日)、重阳节(农历九月初九);在日常生活活动和区域活动中渗透的节日课程主要有:全国爱耳日(3月3日)、学雷锋纪念日(3月5日)、世界气象日(3月23日)、全国爱眼日(6月6日)、国际爱牙日(9月20日)、世界粮食日(10月16日)、消防宣传日(11月9日);在亲子活动中体现的节日课程主要有:植树节(3月12日)、清明节(4月5日前后)、父亲节(6月第三个星期日)、母亲节(5月第二个星期日)等。

三、节日体验课程的实施原则

(一)主体性

传统的教学都是围绕如何教展开的,较少关注幼儿如何学的问题,幼儿多处于被动接受的状态。节日活动课程要符合当代课程改革的潮流,就必须提倡让幼儿主动建构、自主发展,充分发挥幼儿的主体性。为此,在每次的节日活动中,我们都强调从幼儿的生活经验出发,强调以幼儿的发展为出发点组织活动,尊重幼儿的感受和兴趣,注重让每个幼儿都有表达自己的机会,并让他们通过多样化的活动体验充分感受世界的丰富与美好。

在具体实践中,我们让幼儿自己选择、自己讨论、自己探索、自己与伙伴交流。如在端午节那天,我们邀请家长和幼儿一起包粽子、吃粽子、碰蛋,让幼儿在活动中了解端午节的相关知识,丰富自己的经验。

(二)整合性

所有节日活动的目标都是使幼儿懂得爱:爱民族、爱社会与环境、爱自己和身边的人。以爱为主线,我们可以在节日活动中挖掘多领域的知识,这既为幼儿情感和行为的发展提供了机会,也为各领域知识的整合提供了可能性。因此,在节日活动课程实施过程中,我们不仅注重为幼儿的学习创造良好的园内环境,而且一直强调充分、合理地利用家庭与社区资源。如在元宵节,我们组织家庭考察小组,让幼儿和家长来到灯会现场;在植树节,我们带孩子去郊外植树;在重阳节,我们组织幼儿到福利院和老人联欢……丰富多彩的节日活动吸引了家长的关注和积极参与,他们都愿意利用自己的资源丰富我们的课程内容。

(三)可操作性

节日活动课程的实施为幼儿营造了浓浓的节日气氛、创设了宽松的探究环境,为幼儿的探索提供了丰富的材料和真实的情境,有助于引导幼儿对身边的事物产生探究的兴趣和愿望,并支持幼儿自主地进行计划、选择与尝试,有助于提高幼儿的交往技能、培养他们的合作意识,使他们充分享有探索和发现的乐趣。

(四)趣味性

根据幼儿的知识经验、认知水平和心理发展特点,我们尽可能选择符合幼儿年龄特点的活动内容,以幼儿喜闻乐见的形式开展节日活动,做到难易适中、形式多样、内容新颖,有效激发幼儿的参与兴趣,使幼儿乐于参与,在参与活动中增强自信。

四、节日体验课程的实施途径

在节日体验课程实施过程中,我们以节日活动为载体,带领家长和幼儿共同走近节日,引导幼儿直接感知、亲身体验和进行实际操作,带领他们细细品味节日,感受节日的快乐。我们通过探索多样化的课程实施途径和活动组织形式,让幼儿了解节日,乐于体验节日习俗。

(一)方案的设计——为节日活动撑起牢固的支柱

节日活动强调教师、家长与幼儿的共同参与和探究,教师的组织、引导与幼儿的体验、感受同样重要。因为如果没有敏锐的眼光和对幼儿发展水平的了解,教师就不可能及时抓住开展节日活动的机会;如果没有对节日主题活动的计划,教师就很难提前准备丰富的活动材料;如果没有对节日主题的整体构想,教师就难以组织内容丰富且对幼儿发展有益的系列活动。因此,在每次开展节日活动前,教师们都会认真设计节日活动方案,为节日活动的开展撑起牢固的支柱。在开展节日主题活动时,教师们充分利用社会教育和家庭教育资源,坚持园内、园外相结合,使幼儿广泛接触社会,在活动中获得经验。对于不同年龄段幼儿,教师们设定的目标会有所侧重,比如小班侧重于节日氛围的营造和典型活动的参与、感知;中班侧重于节日内涵的体验与理解;大班则侧重于幼儿对节日活动内容的展现和创造。从低年龄段到高年龄段,幼儿的教育目标基本走向是感知—意义—创造。

(二)环境——为营造节日氛围插上隐形的翅膀

《幼儿园教育指导纲要(试行)》指出:"环境是重要的教育资源,应通过环境的创设和利用,有效地促进幼儿的发展。"创设与节日相符的环境,可以让幼儿在浓郁的节日氛围中受到熏陶,感受不同节日的特点和文化魅力。我们将环境创设作为节日教育的一个重要内容,让节日风俗在我们的环境中得到体现,发挥环境的教育影响作用。

比如,元宵节是我国重要的传统节日之一,赏花灯、猜灯谜是元宵节的重要活动方式。幼儿通过视频看到赏花灯时热闹的场面后都很兴奋,他们惊叹于各种花灯的精美,感受到画面中人物猜中灯谜时的兴奋。我们组织了"和爸爸、妈妈做花灯"活动,鼓励家长和幼儿合作制作花灯,并将他们制作的花灯摆放在活动室内,有红包花灯、糖果盒花灯、酸奶瓶花灯、挂历纸花灯,还有西瓜皮花灯、五角星花灯,等等,令人目不暇接。一个个花灯下面还悬挂着有趣的灯谜,活动室内立刻有了浓浓的节日氛围。

教师将节日的民俗文化内容渗透在环境创设中,既有助于增强节日文化的吸引力,也有助于幼儿感受中国的传统文化。

(三)集体教学——深入挖掘节日文化的丰富内涵

我们将节日教育内容巧妙地融入健康、语言、社会、科学、艺术领域中的集体教学活动,并按照时间顺序,制订符合幼儿特点的节日教育活动计划。集体教学活动就如同曲子的序曲部分,其使命在于综合地开展节日主题中的关键活动,奏出节日教育的主旋律。在一个个节日到来之前,我们可以通过集体教学活动这种方式,将节日的由来告诉幼儿,让文化内涵融入教学活动,引导幼儿开启节日活动的体验之旅。

比如,在端午节主题活动中,为了让幼儿更好地了解端午节的来历,我们借助于综合活动"话说端午节",给幼儿讲解端午节的起源,并根据幼儿的年龄特点筛选与端午节相关的节日文化习俗向幼儿介绍。在了解了端午节的习俗之后,幼儿便能够在接下来的美工活动"制作香囊"、体育活动"赛龙舟"、社会活动"包粽子"中,轻松地说出相关习俗的由来,活动效果很好。

在集体教学活动中,幼儿开心地参加每一项活动,接受节日文化的洗礼,体味节日文化的内涵。

(四)家园亲子活动——为节日活动增添活力

家长是孩子的第一任教师,也是幼儿园教育活动的宝贵资源。《幼儿园教育指导纲要(试行)》指出:"家庭是幼儿园重要的合作伙伴。应本着尊重、平等、合作的原则,争取家长的理解、支持和主动参与,并积极支持、帮助家长提高教育能力。"因此,在每一个节日活动设计中,我们都会根据幼儿的年龄特点和实际情况,充分利用家长资源,开展形式多样的亲子活动,为节日活动增添活力。

"八月十五月儿明,月饼圆圆甜又香"。中秋节到了,我们开展了"亲子赏月联欢晚会"。晚会上,幼儿们演唱的动听歌曲、家长与幼儿表演的精彩小品、教师们表演的曼妙舞蹈,使观众笑声不停、掌声此起彼伏。幼儿还用绘画、手工作品表达对迷人的月亮宫殿的想象和向往,与家长、同伴共同品尝月饼、水果,好一幅"欢欢喜喜迎中秋、高高兴兴庆团圆"的快乐场面。

在端午节,我们开展了粽叶飘香主题活动。我们请来幼儿的奶奶、外婆们举行包粽子比赛。在比赛结束后,大家一起品尝热气腾腾的粽子,共同分享节日的快乐。

在三八妇女节,我们开展了"亲亲好妈妈"主题活动。教师带领幼儿亲手为妈妈做一件礼物、让幼儿把一个大皮球揣在怀里体验妈妈孕育宝宝的艰难,教师还把幼儿妈妈们请到幼儿园,让幼儿给妈妈画一幅画像、喂妈妈吃一块甜美的点心、对妈妈说一句祝福语、给妈妈唱一首《感恩的心》……

在父亲节,幼儿爸爸们被教师请到幼儿园。坐在幼儿身边,听着宝贝们在同伴面前交流"夸夸咱老爸"的话题,爸爸们意识到自己在孩子心目中的重要位置和自己在孩子成长过程中不可替代的作用。

敬老爱老是我们中华民族的优良传统。在重阳节,教师让幼儿邀请爷爷、奶奶、外公、外婆到幼儿园,和自己一起过节。幼儿给老人们唱歌、敬茶、喂老人们吃重阳糕、和老人们一起用树叶创作一幅画……"祖孙情,重阳乐",尽享天伦之乐的老人们的心中比吃了重阳糕还甜许多许多。

在4月23日世界读书日来临之际,我们组织开展了读书节系列活动。我们向全园幼儿家长和幼儿发出倡议:和图书做朋友,并希望爸爸或妈妈每天抽出时间陪孩子阅读,鼓励家长和幼儿一起逛书店、一起制作书签、一起制作图书、一起布置家庭小书屋,等等。家园携手,让一本本好书伴随幼儿成长,让迷人的书香飘溢在幼儿身边。

(五)区角游戏——为节日活动开辟生活化的空间

节日活动的开展使幼儿充分了解了节日、感受了节日。虽然节日活动已经结束,但是各种节日的体验让人回味无穷。节日活动结束了,关于习俗文化的学习就会结束吗?不,我们知道,区角游戏是幼儿园教育中的重要组成部分,对幼儿的身心发展具有重要作用。对于幼儿来说,区角游戏是社会生活的缩影。于是,我们就有意识地将节日活动中的一些内容融入区角游戏中,让幼儿在游戏中动口、动手、动脑,进一步了解节日知识和文化习俗,使得节日活动得以延伸。

比如,春节是我国的传统节日,有着多种节日习俗,其中的许多节日元素都可以在区角中展现:当幼儿在借助集体教学活动深入认识了春节习俗后,意犹未尽的他们渴望将他们学到的东西付诸实践。于是,幼儿在区角游戏中开展了"红彤彤的年"主题活动,他们在"美食店"开展包饺子活动,在美工区开展剪窗花、卷鞭炮活动,在娃娃家开展拜年活动,在表演区开展我要上春晚活动等,他们用自己的方式体验着春节的传统习俗和文化。

节日体验课程资源的开发和整合

一、园内课程资源的开发和整合

(一)人力资源

1. 园长

在节日体验课程的建构和实施过程中,园长担任领导者的角色。园长带领教师深入思考和讨论、构建课程框架、组织相关培训。在课程实施过程中,园长会引导教师关注幼儿的兴趣、经验及需要,拓展有价值的内容,带领教师审视自己的教育行为,不断地反思、改进自己的教育教学观念和行为。

2. 教师

教师是课程的直接实施者,决定着课程资源的选择和利用。我们注重教师资源的开发,在课程建构和实施过程中努力地营造良好的课程实践氛围,给予教师自主设计节日活动、开发利用资源的权利,鼓励教师间平等对话和积极分享,让教师作为主体共同参与课程决策,完善课程方案。

3. 幼儿

幼儿是活动的主体。在课程实施过程中,幼儿时刻以自己独特的经验去感受、体验节日课程,并在活动过程中不断地积累经验,推动课程发展和优化。从这个角度来说,幼儿也是课程的开发者和创造者,是节日体验课程资源的重要组成部分。

4. 教学部门之外的其他部门工作人员

幼儿园的各个部门相互联系、相互支持、相互配合,形成一个和谐的运作系统。节日体验课程的建构和实施离不开幼儿园教学部门之外的其他部门人员的大力支持。我们把幼儿园每一个部门的运作都作为课程资源纳入课程体系中,做到统一思想、沟通协调、科学分工、责任到人,使幼儿园各个部门都成为课程开发和实施的有力支持和保障。

(二)教学活动资源

在课程实施过程中,我们整合了丰富的教学资源,包括和节日活动相关的动画课件、优美动听的音频资料以及寓教于乐的操作材料等,充分调动幼儿的视觉、听觉和触觉,引导他们进行多感官的学习,使他们获得丰富的体验。这些资源全园共享,让每个参与课程实施的教师都能够根据自己的实际需要进行选择。

(三)环境资源

环境是幼儿感受节日氛围、体验节日习俗、了解节日内涵的有效媒介,它是在节日主题不断深入的过程中孕育、丰满起来的。在节日活动中,各班都会围绕已有的教育资源,创设具有节日文化特色的主题环境、丰富各区角游戏内容,使幼儿园的整体环境和班级的各个角落都具有浓浓的节日氛围。

二、园外课程资源的开发和整合

(一)家长资源

家长资源是幼儿园可利用的重要资源。

1. 学历资源

高学历家长具备较高的教育责任感,在家园联系方面会更积极地配合教师,关注幼儿成长。合理利用这部分资源,有利于幼儿园开展家长学习、家长帮教活动,以及幼儿园宣传活动等。

2. 职业资源

家长们的职业各不相同,不同专业领域的家长以"爸爸老师""妈妈老师"

"家长志愿者"等身份充实了幼儿园的活动内容和丰富了幼儿园的活动形式。譬如在"五一劳动节家长助教日"活动中,让家长客串教师教授孩子一些知识和技能。有的家长在消防队,我们请其协助,得以在"119消防日"带着幼儿到消防队参观演习、联欢;有的家长在电视台,我们请他们协助拍摄录像,参与节日活动……这些活动充分利用了家长的职业优势,也让幼儿对节日文化产生浓厚的兴趣。

3. 技能资源

幼儿的兴趣爱好是广泛的,家长的兴趣爱好也是广泛的,因此,我们一直积极挖掘家长的潜能,让家长的才能得到展示,使家长获得成就感。比如,在植树节前,我们把有种植经验的幼儿爷爷请到班里,请他为幼儿讲解如何植树、怎样浇水、施肥、如何爱护树木等;在开展"六一戏剧节"活动时,我们邀请有特长的家长一起编排节目、做服装、设计道具等。

(二)自然资源

大自然是最好的老师,在自然环境中,幼儿的思维更加活跃,学习的主动性更强。清明时节,我们组织了强度适宜的远足活动,带领幼儿走出幼儿园,在与自然环境的亲密接触中感悟清明节热爱自然的节日内涵。沐浴着和煦的阳光,呼吸着清新的空气,幼儿们全身心地融入自然,寻找着大自然的变化,体验着大自然的美好,感悟着清明文化。

(三)社区资源

《幼儿园教育指导纲要(试行)》指出:"要充分利用社区教育资源,引导幼儿适当参与社会活动,丰富生活经验,发展社会性。"巧妙地利用社区资源开展节日活动,可以有效弥补幼儿园节日教育活动的不足。比如在消防日主题活动中,我们组织幼儿参观消防队,让他们听消防员叔叔讲述发生火灾时如何保护自己、安全逃生,让他们看消防员叔叔如何灭火,还让他们在消防员叔叔的帮助下穿上消防服、戴上消防帽,争当"小小消防员"。幼儿通过现场听讲解、实地参观、亲身体验等多种方式,直观、全面地了解了消防车、消防器材以及消防安全知识,进一步增强了消防安全意识。

活动设计与指导篇

欢欢喜喜闹元宵
——元宵节主题活动一

设计意图

元宵节是我国重要的传统节日之一,又称"上元节""灯节"。正月十五闹元宵已有悠久的历史。为了充分挖掘传统节日的深厚文化内涵,引导幼儿进一步了解节日文化、认同传统文化、喜欢传统文化、过好传统节日,我们开展了手工制作、游戏和表演等不同形式的活动。通过组织这一系列活动让幼儿对元宵节的传统文化和民俗习惯有了基本的了解,感受了节日氛围和传统文化的魅力。

主题活动目标

1. 主动参与闹元宵的筹备和庆祝活动,积极和教师、同伴一起过节,感受团圆的意义。

2. 知道农历正月十五是我国的传统节日元宵节,了解元宵节的来历及习俗(赏灯、吃元宵、敲锣打鼓、踩高跷等)。

3. 积极参加搓元宵、念儿歌、观灯猜谜等活动,感受参加元宵节各种活动的乐趣。

主题活动准备

1. 教师设计主题活动方案,在活动区域投放操作材料。

2. 请家长提前给幼儿讲述元宵节相关知识,并和幼儿一起制作一盏花灯。

3. 幼儿园联合社区组织元宵节活动,组织幼儿参加观赏灯展和猜谜活动。

【元宵节真热闹】(各领域活动)

活动一:找一找、做一做(寒假期间)

1. 在爸爸、妈妈的帮助下,幼儿通过各种途径了解元宵节的由来、习俗(吃元宵、赏花灯、猜灯谜、踩高跷、舞狮子等),收集相关图片和元宵节诗歌。

2. 与爸爸、妈妈一起动手制作花灯。

活动二:猜灯谜

❧ **活动目标**

1. 了解元宵节的来历和意义,知道猜灯谜是元宵节的传统习俗。
2. 产生对猜灯谜活动的兴趣,尝试动脑筋猜灯谜。
3. 学会倾听,提高口头表达能力和理解能力。

❧ **活动准备**

1. 贴有灯谜的花灯若干。
2. 元宵节猜灯谜的视频。

❧ **活动过程**

1. 教师引导幼儿观看视频,让他们知道猜灯谜是元宵节的传统习俗。

教师:小朋友们,你们看到视频里人山人海,这么热闹,大家都在干什么?

幼儿:赏花灯、猜灯谜。

教师:是的,大家都在高兴地赏花灯、猜灯谜。正月十五是元宵节,每年的这天晚上,人们都会吃元宵、赏花灯、猜灯谜,如果猜出谜底还有小礼物呢!看大家多么开心呀!

2. 教师出示贴有灯谜的花灯,让幼儿自由赏灯。
3. 教师随意选择花灯,拿出灯谜,引导幼儿猜,教师要给予猜对者小礼物。

❧ **活动延伸**

请幼儿回家后将自己感兴趣的灯谜说给爸爸、妈妈听,让爸爸、妈妈参与猜灯谜。

活动三:搓元宵

❧ **活动目标**

1. 知道元宵节要吃元宵,对制作元宵感兴趣。
2. 学习用超轻黏土练习搓元宵、包馅。
3. 体验与同伴一起劳动的快乐。

❧ **活动准备**

超轻黏土、塑料垫板。

🌀 **活动过程**

1. 教师出示元宵,引导幼儿学念儿歌《小汤圆》,激发幼儿搓元宵的兴趣。

儿歌《小汤圆》:小汤圆,滚滚圆,锅里煮,溜溜转,芝麻香香,豆沙甜甜,团团圆圆过大年。

2. 教师示范制作元宵,重点讲述包馅的方法。

3. 幼儿学搓元宵和包馅,教师巡回指导。教师要提醒幼儿把元宵搓圆,馅要包在中间。

活动四:闹花灯

🌀 **活动目标**

1. 感受元宵节的欢乐氛围。

2. 能用自然、欢快的声音歌唱,准确把握节奏。

🌀 **活动准备**

幼儿已有赏灯的感性经验。

🌀 **活动过程**

1. 教师组织幼儿集体表演儿歌《元宵好》。

儿歌《元宵好》:元宵好,元宵妙,元宵好吃,呱呱叫,赏花灯,猜灯谜,欢天喜地闹元宵。

2. 教师激发幼儿学唱歌曲《大家来看灯》的兴趣。

教师:我们在前面已经了解了花灯,现在让我们用歌曲来迎接元宵节好不好?

幼儿:好!

3. 教师播放歌曲《大家来看灯》,幼儿熟悉歌曲内容和旋律。

儿歌《大家来看灯》:小哥哥呀小姐姐呀,大家来看灯。兔子灯,荷花灯,还有狮子灯,天上有飞机灯,水里有金鱼灯。你看那边,正在正在舞呀舞龙灯。哈哈哈哈哈哈!老爷爷呀老奶奶呀,大家来看灯。花篮灯,绣球灯,还有走马灯,天上有神仙灯,水里有青蛙灯。你看那边,还有还有老呀寿星灯。哈哈哈哈哈!

教师:你们听到歌曲中唱了些什么?

幼儿:兔子灯、荷花灯、飞机灯、狮子灯……

4. 幼儿学唱歌曲。

5. 教师引导幼儿用动作表现歌曲内容。

【元宵闹翻天·娃娃乐开怀】(全园庆祝活动)

活动准备

1. 布置门厅,悬挂"元宵闹翻天·娃娃乐开怀"字幅,教师向家长介绍幼儿园的主题活动内容,寻求家长的理解与支持。

2. 请家长带着幼儿收集有关元宵节的资料。

3. 请家长和幼儿一起制作一盏花灯。

4. 大班幼儿练习踩高跷、敲锣打鼓、制作福灯等。

活动过程

1. 宣传发动,在门厅及走廊等公共区域展示元宵节相关资料、饰物,让幼儿了解元宵节的来历及风俗。

同时,通过宣传让家长了解整个活动的流程及需要配合的事项。

2. 展示、欣赏亲子合作制作的元宵花灯。将亲子共同制作的花灯展示在门厅或走廊上。一定要确保花灯牢固、结实,将灯谜贴在灯笼下面。

3. 分年龄段组织庆祝活动。根据不同年龄段幼儿的特点设计不同的活动。如小班的游园、中班的猜灯谜、大班的踩高跷。

4. 吃元宵庆节日。各班组织幼儿动手制作元宵,品尝元宵。

欢欢喜喜闹元宵
——元宵节主题活动二

❦ 设计意图

1. 新学期开始,组织幼儿与家长共同在园过元宵节。愉快的节日体验,幼儿园如家的氛围,可使幼儿顺利度过刚入园的情绪不稳定期。

2. 幼儿与父母共度节日,有助于增强其集体荣誉感、自我服务能力及责任感。

3. 深入开展"家长志愿者"活动,充分挖掘和利用家长教育资源。让家长参与幼儿园活动,使家长了解幼儿园的活动,从而积极配合幼儿园教育。拥有不同阅历的家长也是丰富的教育资源,合理利用可使幼儿园的教育活动更加丰富、有效。

❦ 主题活动目标

1. 通过举办亲子活动,增进亲子情、师生情、家园情。

2. 知道农历正月十五是我国的传统节日——元宵节,了解元宵节的来历和趣事。

3. 在制作元宵、赏花灯、猜灯谜活动中,体验民间习俗和节日的欢乐,感知传统文化的丰富内涵。

❦ 主题活动准备

1. 请家长让幼儿带一盏花灯入园。

2. 教师与幼儿共同创设环境,营造节日气氛。

3. 教师为每个幼儿都准备一副护袖。

4. 教师事先向幼儿讲解元宵节的来历、习俗等相关知识。

【精彩的灯会】

活动目标

1. 了解赏花灯、猜灯谜是元宵节的传统习俗,感受过节的愉悦。

2. 能用清楚、连贯的语言描述自己的花灯。

3. 发展语言交往能力。

活动过程

1. 赏灯活动。

(1)教师引导幼儿用连贯的语言介绍自己带来的花灯的形状、颜色、名称及特别之处,等等。

(2)教师请几名幼儿站在前面向其他幼儿介绍自己的花灯。

2. 智力闯关游戏。

教师准备若干与元宵节有关的知识题,让幼儿以小组为单位进行抢答。回答又快又正确的小组优先进入下一环节。

【欢乐元宵节】

活动目标

1. 通过制作元宵,了解饮食文化,增强民族自豪感。

2. 锻炼动手能力,培养劳动能力和劳动习惯,体验劳动的快乐。

活动准备

米粉及元宵馅、水、毛巾、电磁炉等。

活动过程

1. 教师带着幼儿复习儿歌《小汤圆》,激发幼儿搓元宵的兴趣。

儿歌《小汤圆》:小汤圆,滚滚圆,锅里煮,溜溜转,芝麻香香,豆沙甜甜,团团圆圆过大年。

2. 大家一起制作元宵:分米粉、搓元宵、包馅、煮元宵。

(部分元宵送往厨房用大锅煮,部分元宵在班内煮)

3. 教师和幼儿一起吃元宵,让幼儿享受劳动的成果,体验成功的快乐。

【浓浓邻里情　欢乐闹元宵】(全园活动)

活动目标

1. 丰富社区居民节日文化生活。
2. 家庭、幼儿园、社区互动,促进幼儿全面发展。

活动准备

1. 发放"致家长的信",张贴海报。
2. 奖品若干。

活动过程

1. 活动导入。
2. 主持人介绍元宵节的来历及风俗习惯。
3. 以击鼓传花的形式组织社区客人说灯谜、猜灯谜。
4. 请幼儿介绍自己的花灯,并送出自己的祝福。
5. 请幼儿演唱儿歌《大家来看灯》。
6. 社区客人、家长、幼儿一起赏花灯、猜灯谜。

活动建议

1. 在家长园地贴出"致家长的信",或者在幼儿园门口张贴海报,介绍主题活动的内容,邀请家长和社区居民参加活动。
2. 充分调动家长的积极性。请几个有组织能力的家长协助布置活动场地并进行管理,以便更有秩序地开展活动。

附:元宵节社区活动主持稿

教师:亲爱的爷爷、奶奶、爸爸、妈妈。

幼儿主持人:亲爱的叔叔、阿姨,亲爱的小朋友们!

合:大家好!

教师:今天是一个特别的日子,萌萌(幼儿主持人),你知道是什么日子吗?

幼儿主持人:当然知道了,今天是元宵节。

教师:对,今天是正月十五元宵节,是中国的传统节日。你们知道吗?早在2000多年前就有元宵节了。在元宵节这一天,我们要做些什么?

幼儿主持人:让我来告诉你吧。元宵节是一家人团圆的日子,一家人团聚在一起吃汤圆,一起赏月,可热闹了!

教师:元宵节还有其他活动,你知道是什么吗?

幼儿主持人:不知道(摇头)。

教师:观灯、赏灯、猜灯谜呀!这里挂满了不同样式的灯笼,你知道它们是谁做的吗?

幼儿主持人:我知道!这些都是我们小朋友和家长一起制作的,好漂亮、好精致啊!

教师:是啊,每个灯笼下面还藏着一个灯谜呐!今天不仅有幼儿园的小朋友,我们还邀请了社区里的小朋友和叔叔、阿姨跟我们一起欢度佳节,一起庆团圆!

幼儿主持人:我也准备了灯谜,请在场的小朋友们猜,如果猜对了有小奖品赠送哦。小朋友们要仔细听,动脑筋猜一猜。

教师:没有拿到小奖品的小朋友别着急。这里的每个灯笼下面都有一个灯谜,灯谜上面编有序号,猜出谜底的小朋友只需要记住编号到我们的兑奖处,报出编号、说出谜底就可以得到一份精美的小礼品。猜灯谜活动正式开始!(放音乐)

学习雷锋好榜样
——学雷锋纪念日主题活动

❧ **设计意图**

3月5日是学雷锋纪念日,也是"中国青年志愿者服务日"。雷锋精神如同一缕春风,吹拂着中华大地。在这个特殊的日子里,幼儿园开展了一系列学雷锋主题教育活动,以大力弘扬雷锋精神,推动学雷锋活动常态化,培养幼儿乐于助人的优良品质。

让幼儿通过自己的实际行动向雷锋叔叔学习,感受劳动的乐趣,感受帮助别人、为别人服务的快乐,使品德教育渗透在幼儿生活的方方面面,引导幼儿从小形成良好的社会公德。

❧ **主题活动目标**

1. 知道每年的3月5日是学雷锋纪念日,初步了解雷锋的光荣事迹。

2. 有关爱他人、帮助他人的意识,体验帮助他人的乐趣,逐步树立"学习雷锋好榜样"观念,知道做好事可以从身边的小事做起。

❧ **主题活动准备**

1. 教师设计主题活动方案,在主题环境设置中渗透相关内容。

2. 请家长给幼儿讲述雷锋的故事,鼓励幼儿为身边的人提供力所能及的帮助。

3. 教师组织幼儿到社区敬老院,帮助敬老院里的爷爷、奶奶打扫房间。

【学习雷锋好榜样】(各领域活动)

活动一:认识雷锋

❧ **活动目标**

1. 了解雷锋叔叔助人为乐的事迹,萌发向雷锋叔叔学习的愿望,知道3月

5日是学雷锋纪念日。

2.通过帮身边的人做力所能及的事情,体验帮助别人的快乐。

3.爱劳动,积极为集体、他人做力所能及的事,不怕困难。

❧活动准备

雷锋做好事的图片和视频,抹布、扫帚等工具。

❧活动过程

1.教师引导幼儿欣赏歌曲《学习雷锋好榜样》,引出主题。

教师:3月5日是什么日子?什么叫纪念日?雷锋是谁?为什么人们都要学习他呢?(引导幼儿知道3月5日是学雷锋纪念日)

2.教师出示图片,引导幼儿了解雷锋叔叔助人为乐、做好事不留名的优良品质。

教师:图片上的雷锋叔叔在干什么?我们要向雷锋叔叔学习什么?

3.教师和幼儿一起观看雷锋做好事的视频,使幼儿增加对雷锋叔叔的了解。

教师:雷锋叔叔是一位军人。他小时候家里很穷,可他从小不怕苦,认真学本领,帮助了很多人,做了很多了不起的事。

(让幼儿进一步了解雷锋的事迹,激发幼儿学雷锋、帮助他人的兴趣)

4.教师带着幼儿一起讨论。

教师:你们愿意向雷锋叔叔学习,不怕苦、不怕累、主动帮助别人吗?我们可以做些什么事情呢?

5.教师小结。

教师:我们可以去帮助幼儿园里的弟弟、妹妹,帮他们穿衣服,给他们讲故事,我们可以擦拭幼儿园里的长椅、大型玩具,我们还可以帮助我们居住小区的保洁人员捡垃圾,让小区变得更漂亮……

活动二:《幼儿园里好事多》音乐赏析

❧活动目标

1.初步感受儿歌《幼儿园里好事多》的活泼与快乐的旋律,学唱歌曲。

2.知道要关心集体,愿意为集体做好事。

3. 锻炼肢体协调能力和表演能力。

✤ 活动准备

《幼儿园里好事多》音频资料。

✤ 活动过程

1. 教师带着幼儿边听音乐边拍手进入活动室。

2. 教师引导幼儿进行节奏练习与发声练习。

3. 教师示范唱一遍《幼儿园里好事多》。

儿歌《幼儿园里好事多》:小桌子谁擦的?小椅子谁摆的?一排排手绢谁洗的?一件件好事谁做的?你不说呀我不说,你不说呀我不说,学习雷锋好榜样,学习雷锋好榜样,大家看了笑呵呵,好事多好事多,嗨,幼儿园里好事多。

4. 教师唱完后,请幼儿说一说自己做过哪些好事,引导幼儿熟悉歌词。

5. 教师教幼儿唱《幼儿园里好事多》,引导他们感受歌曲欢快、活泼的旋律。

6. 教师启发幼儿在唱歌时根据歌词内容做动作,在间奏部分打节拍,教师要及时给予鼓励。

✤ 活动延伸

请幼儿把自己做的好事画出来并向同伴、教师、家长讲述自己的感受,体会助人为乐的心情。

【我是"小雷锋"】(志愿者活动)

活动一:《爱心进社区》

✤ 活动目标

通过开展到社区捡垃圾活动,体验学雷锋做好事的快乐。

✤ 活动准备

一次性手套、垃圾袋。

✤ 活动过程

1. 教师告诉幼儿学雷锋活动的内容和要求。

教师:今天"小雷锋"要到小区里去,帮助清洁人员捡拾路边和花圃里的垃

圾,让小区因为我们"小雷锋"的劳动而更加美丽。

2. 教师将幼儿分成三组,并选出组长,提醒幼儿跟好自己的组长。教师还需提醒幼儿戴好一次性手套,并注意安全。

3. 教师和幼儿一起将捡拾的垃圾放在指定的垃圾箱内。

活动二:《大带小——我来照顾你》(大班)

🍃**活动目标**

1. 知道帮助别人是一种美德,逐步形成以学习雷锋为荣的意识。

2. 在活动中体验照顾弟弟、妹妹的快乐及自身能力得到提高的成就感。

🍃**活动准备**

1. 教师提前联系小班老师,说明在小班幼儿午睡起床时,大班幼儿会过来帮忙。

2. 教师提前与小班幼儿沟通好,让他们知道要和哥哥、姐姐一起活动,使他们乐意接受哥哥、姐姐的照顾。

🍃**活动过程**

1. 教师鼓励幼儿积极参加活动,告诉幼儿活动的目的和要求。

2. 教师带着幼儿到小班,帮助弟弟、妹妹穿衣服,学习照顾他们。教师要鼓励幼儿和弟弟、妹妹一起做游戏,给他们讲故事,安抚他们的情绪等。

3. 在活动结束回到班级后,教师与幼儿交流感受,并积极评价幼儿的表现。

4. 教师和幼儿共同评选出一位"优秀小雷锋"。

🍃**活动延伸**

将学雷锋教育继续渗透在一日活动中,在班级中形成积极学雷锋的良好氛围。

【小手拉大手】(家园共育活动)

注重家园配合,积极引导家长参与学雷锋活动。请家长与幼儿共同收集有关雷锋的图片、影像资料,并和幼儿一起观看,一起唱《学习雷锋好榜样》,一起为左邻右舍做好事。

拥抱春天，快乐成长
——植树节主题活动

设计意图

中国自古以来就有植树的传统。阳春三月，万物复苏，气候温暖，春雨飞洒，利于树苗成活。植树造林对于调节气候、涵养水源、减轻大气污染具有重要作用。

随着生活水平的提高，人们在享受自然馈赠的同时，也在破坏着环境。我们的生存环境不断恶化，大自然已经敲响警钟。保护环境、敬畏自然，刻不容缓！

3—6岁是幼儿行为发展的关键期。生活中常见小朋友随意践踏草坪、乱摘花草，这些看似不起眼的小事，一旦养成习惯会对幼儿成长造成不良影响。所以，对幼儿进行保护生态环境的教育意义重大。在植树节到来之际，我们便组织策划了植树节主题活动。

主题活动目标

1. 了解植树节的由来，知道常见树木的名称、形态、特点、生长规律等。
2. 增进对树木的认识，了解人类与树木的关系，增强环保意识。
3. 培养爱心，体验与同伴共同劳动的喜悦。

主题活动准备

1. 教师设计主题活动方案，在主题墙饰中渗透植树节相关内容。
2. 请家长给幼儿讲解有关植树节的知识，和幼儿交流怎样做一个爱树、护树小卫士。

【树真好】(各领域活动)

活动一:树的本领大

❧ **活动目标**

1. 知道树木是人类、动物的好朋友,了解绿化的好处。

2. 懂得爱护树木。

3. 能根据图片进行观察、讲述,乐于参加讲述活动。

❧ **活动准备**

多媒体课件。

❧ **活动过程**

1. 开始部分,引出课题。

教师:今天,老师收到猴博士寄来的信和照片。信上说,最近小动物们遇到了许多困难,到底是什么困难,后来又是怎样解决的呢?我们一起来看一看。

2. 活动部分。

(1)(播放课件,展示画面1)教师:首先遇到难题的是小熊,它就住在工厂旁边,它在为什么事烦恼呢?

教师:这些给小熊的生活带来了什么影响?你们有什么办法能帮助小熊吗?(请幼儿自由讨论后回答)

(播放课件,展示画面2)教师:我们来看猴博士给小熊想了个什么办法?为什么猴博士要让小熊植树,树有什么本领呢?(请幼儿讨论后回答)

教师小结:原来树木有净化空气、降低噪音的作用。现在,小熊呼吸到了新鲜的空气,小松鼠也搬来和它做邻居了。

(播放课件,展示画面3)教师:呀,小鹿和小牛为什么哭得这么伤心呢?

教师:小朋友们,你们说怎么办?(播放课件,展示画面4)小树、小草给小动物们提供了丰富的食物,你们看,它们吃得多香啊!

(播放课件,展示画面5)教师:看,小狗跑来跑去的,它们在躲什么呢?

幼儿:太阳。

教师:是呀,夏天的太阳火辣辣地照在小狗身上,可把它热坏了,有什么办法能帮助它呢?

(播放课件,展示画面6)教师:现在你们知道,树木的另外一个本领是什么了吗?

幼儿:提供阴凉。

(播放课件,展示画面7)教师:风沙来了,吹得长颈鹿和大象睁不开眼睛,一步也走不动。风沙的危害很大,怎么样才能治住风沙呢?(播放课件,展示画面8)你们看,有了郁郁葱葱的大树,风沙再也不能来捣乱了。

(播放课件,展示画面9)教师:呀!小兔和刺猬背着行李要走,它们为什么要离开自己的家呢?

幼儿:因为发大水了。

(播放课件,展示画面10)教师:猴博士也把植树的好办法教给了小兔和刺猬,可是植树和洪水泛滥、泥土流失有什么关系?原来,树的根深深地扎在泥土里,能把泥土固定,防止水土流失。树木的本领可真大啊!

教师:小朋友们,现在我们都知道树木是小动物们的好朋友。其实,树木也一直是我们人类的好朋友,我们的生活是离不开树木的。树木可以吸收二氧化碳,排出氧气,使空气变得清新;树木可以防治风沙,它们连成绿色的墙,不让风沙来捣乱;树木还可以防止水土流失,使我们的城市变得更美丽。所以我们每年春天都要种树,我们要像对待好朋友一样爱护树木。那么我们应该怎样来爱护它们呢?(请幼儿自由讨论后回答)

3.结束部分,教师总结。

教师:树木、花草绿化了环境,使环境更美丽、空气更清洁,使我们生活得更舒适。小朋友们要爱护树木,不摇树、不爬树、不摘树叶。不仅自己要做到,还要制止别人做破坏环境的事,为我们的好朋友——树木的成长,做出我们的一点贡献,好吗?

活动二:爱护树木　保护环境

活动目标

1.了解树的不同部位及其作用。

2.通过讨论,知道树木的多种用途。

3.懂得爱护树木、保护环境。

活动准备

表现不同环境状况的图片。

活动过程

1. 教师用谈话的形式引出活动内容。

(1)教师出示表现不同环境状况的两幅图,请幼儿观察图片,认识树的作用。

教师:你们在这两幅图上发现了什么呢?为什么会变成这样呢?

(2)教师请幼儿自由讲述自己了解到的关于树的用途的知识。

教师:树有什么用途呢?

(3)教师出示树的不同部位的图片,引导幼儿讨论树各个部位的作用。

教师先出示树根图片,让幼儿讲述树根的作用;再出示树干图片,让幼儿讲述树干的作用;最后出示树叶的图片,让幼儿讲述树叶的作用。

教师小结:树根可以吸收、储藏水分和养分,抓住泥土,使树干强壮;树根还可以被雕刻成工艺品,有的还可以入药。树干能为树叶输送养分,可以被制成家具、工具,可以用来造纸。有些树的树干还有奇特的作用,如橡胶树的树汁可以用来制作胶鞋、轮胎。树叶可以作为草食动物的食物,还可以遮阳、做肥料等。

2. 教师引导幼儿讨论树木与人类、动物及环境的关系。

(1)教师:动物和树木有什么样的关系呢?

树木与动物的关系:树木为动物提供丰富的食物和舒适的居住场所。

(2)教师:树木和我们人类有什么样的关系呢?

树木与人类的关系:树木可以调节温度,为人类提供大量的木材、药材、食物。

(3)教师:树木对我们的环境改善有什么样的帮助呢?

改善环境:防风固沙、防暑降温、降低风速、保持水土、净化污水、减少噪声等。

教师小结:树木与人类、动物、环境有着密切的关系。

3. 教师引导幼儿讨论,培养幼儿爱护树木的意识。

教师:树木对我们人类如此重要,我们应该怎样保护树木呢?

教师总结:小朋友们,人类、动物都离不开树木,为了使我们生活的环境更加美好,我们要爱护树木,多种树,爱护环境。

活动三:植树节

❦活动目标

1. 知道3月12日是植树节。

2. 树立保护植物就是保护环境的意识。

3. 培养耐心、爱心,体验与同伴共同劳动的喜悦。

❦活动准备

1. 多媒体课件《风沙的危害》和雾霾天气的图片。

2. 大水桶一个(装满水),水壶若干。

❦活动过程

1. 教师与幼儿一起以谈话形式进入活动。

(1)教师:你们知道3月12日是什么日子吗?

教师用简单明了的话语向幼儿介绍植树节的由来。

(2)教师:你们知道树木有什么作用吗?

教师引导幼儿观看多媒体课件《风沙的危害》和雾霾天气的图片,让幼儿知道当今我们居住地的环境污染严重,树木能阻挡风沙。

教师小结:树木不仅可以净化空气、美化环境、调节气温、防风遮雨,而且可以被制成各种家具等,给我们的生活带来了方便。所以我们一定要爱护树木,保护我们赖以生存的环境!

2. 教师与幼儿一起为小树浇水。

(1)在幼儿给小树浇水前,教师要提出要求。

①按顺序给路边的小树浇水,注意不要碰断小树苗、不要踩坏小花朵。

②水壶里不要装太多水,以免水洒出来弄湿衣服、鞋子。

③取水时不要拥挤,要按照顺序排队。

④不能给树木浇太多水。

(2)教师示范浇水的方法。

(3)教师让幼儿给小树浇水,自己巡回指导,提醒幼儿使用正确的方法。

3.教师对幼儿的劳动进行积极的评价。

活动四:画树

❧ 活动目标

1.积极尝试用各种线条、图案装饰树,激发创作线描画的兴趣,增强艺术美感。

2.知道要爱护树木、保护环境,增强环保意识。

❧ 活动准备

多媒体课件、描线笔。

❧ 活动过程

1.教师和幼儿一起以讨论的形式进入活动。

教师:树有很多种,你们知道的有哪些?你们知道树是由哪些部分组成的吗?

2.教师出示图片,引导幼儿欣赏各种树和不同的线描树作品。

教师:树的种类有很多,形状也很多,让我们一起来欣赏一下吧。

教师小结:树干有的粗,有的细;树冠有的大,有的小。有的树的树冠像三角形,有的树的树冠像椭圆形,真是千姿百态,形态各异。

教师引导幼儿欣赏线描树作品,提醒幼儿观察作品中的各种线条和图形。

3.教师讲解示范,提出绘画要求。

教师:今天我们就用线描的方法来画树,你们想怎么画?

教师引导幼儿欣赏线描画,让幼儿明白不同的线条变化组合会产生不同的效果。

教师让幼儿画一棵自己喜欢的大树的外形,提醒他们要画得大一些,在完成主体后添加背景,画面布局要合理。

4.幼儿作画,教师巡回指导。

5.教师点评幼儿的作品。

活动五:我的树朋友

❧ 活动目标

1.通过参与讲讲、看看、玩玩、种种等活动,知道 3 月 12 日是植树节,加深对常见树木的认识,了解树木与人类的关系。

2. 与同伴合作玩种树游戏,激发爱护树木及热爱大自然的情感。

❀活动准备

1. 教师提前制作好树木与人类关系图,以及关于春天特征的多媒体课件和《风沙的危害》多媒体课件。

2. 自制常见树纸牌,数量以人均三四张为宜。

3. 植树的工具,在幼儿园内开辟种植角,柳树枝段。

❀活动过程

1. 讲讲我的树朋友。

(1)教师播放《风沙的危害》多媒体课件,配以解说,制造略显紧张的气氛。教师引导幼儿听讲解、看课件,了解风沙对人类的危害。

(2)教师引导幼儿讨论如何避免风沙带来的灾难,让幼儿了解树木能够减轻风沙危害。

(3)教师播放描绘春天特征的多媒体课件,引导幼儿了解植树节。

2. 夸夸我的树朋友(植树对人类的好处)。

教师和幼儿一起讨论植树对人类的好处,如净化空气、调节气温、防风遮光等。

3. 玩树纸牌游戏。

树纸牌是绘有常见树木的卡片。教师分给每个幼儿三四张树纸牌。

树纸牌游戏玩法:

两个幼儿为一组。两个人各拿出一张树纸牌,根据拍桌子的先后决定讲述顺序。先拍桌者先讲,一要讲出树纸牌上两种树的树名,二要讲出每种树的一两个主要特征,三要讲出这两种树是常绿树,还是落叶树。如果先拍桌者都讲对了,两张树纸牌就归他所有;如果先拍桌者讲错了,就由后拍桌者讲。如果双方均未讲对,就把这两张树纸牌搁一边,双方重新出牌。最后牌多者获胜。

4. 种树。

(1)教师带领幼儿去幼儿园的种植角,让幼儿说说如何种植柳树。

(2)教师介绍种植工具、讲解并示范种植方法。

5.幼儿种树,教师巡回指导,引导幼儿注意树的间距。

爱水·节水·护水
——世界水日主题活动

❧ **设计意图**

　　水乃生命之源,是不可替代的宝贵资源。自1993年起,联合国大会将每年的3月22日定为世界水日,其宗旨是唤起大家的节水意识,加强对水资源的保护,解决日益严峻的缺水问题。然而在日常生活中,我们常常看到有幼儿浪费水,因为他们不明白水资源对人类的重要性,对水资源重要性的认识严重不足。

　　如何让幼儿认识到水与人类生活的关系,知道水资源的重要性,从而增强珍惜水资源的意识,强化节约用水的行为呢?

　　本主题活动通过组织开展相关爱水、节水、护水活动,培养幼儿爱水、护水的意识,并以一个幼儿带动一个家庭,让身边更多的人牢固树立节水意识,在日常生活中做到合理用水,节约水资源。

❧ **主题活动目标**

　　1. 知道3月22日是世界水日,知道每个人都要爱护水、珍惜水、节约用水。

　　2. 了解水的基本特征、水与我们生活的密切关系,体验游戏和自由创造的乐趣,培养对自然及生命的热爱。

　　3. 乐意与教师、同伴一起参加活动,体验活动的快乐。

❧ **主题活动准备**

　　1. 教师设计主题活动方案,在主题墙饰中渗透"小水滴用处大"内容,在活动区域中投放操作材料。

　　2. 请家长给幼儿讲解有关世界水日的知识,和幼儿一起说说怎样节约用水。

家园共育

1. 请家长给幼儿讲述节约用水的重要性,和他们聊聊"我们家怎样节约用水",搜集节约用水的好方法。
2. 家长和幼儿讨论节水的好方法,并鼓励幼儿与同伴分享。
3. 请家长配合幼儿园开展世界水日宣传的延伸活动。

活动建议

1. 实施前,教师们需要对设立世界水日的意义有深刻认识,并梳理相关知识。
2. 各班活动室要提前布置好环境,并收集区域活动的材料和教师设计的半成品。
3. 主题活动最好在世界水日前实施。
4. 活动中,教师们就幼儿的表现和活动亮点等进行记录并及时反思。

【有趣的水】

活动一:小水滴旅行记

活动目标

1. 理解故事,了解故事中小水滴旅行的原因及过程。
2. 产生对小水滴变化过程的探究兴趣。
3. 知道要节约用水。

活动准备

教学课件、纸、画笔。

活动过程

1. 教师通过提问引导幼儿讨论,引出活动内容。

教师:小朋友们,你们喜欢旅行吗?今天,我们班来了一位小客人,猜猜它是谁?

幼儿:小水滴。

教师:小水滴也喜欢旅行。它要带我们去旅行,你们想去吗?

2. 教师让幼儿观看故事《小水滴旅行记》。

教师:故事里都有谁?讲了一件什么事情?

3. 教师出示图片,边讲边提问。

(1)出示第一张图片:小水滴的家在哪里？是谁帮助小水滴旅行的？太阳公公是怎样帮助小水滴的？小水滴变成什么了？小水滴变成水蒸气后,又到哪儿旅行了？

(2)出示第二张图片:水蒸气飞呀、飞呀,小水滴觉得很冷以后,它们怎么样了？(三个一伙、五个一群地抱在一起)这个时候它们变成什么了？

(3)出示第三张图片:很多小水滴在天上飘来飘去,它们又变成了什么？

(4)出示第四张图片:小水滴想家了,是谁帮助小水滴回家的？小水滴变成了什么？

(5)教师总结:小水滴从小河出发去旅行,经历了许多有趣的事情后,回到了大海。

4. 教师带着幼儿进行总结。

教师:故事的名字叫什么？小水滴是怎么旅行的？

师生共同总结:小水滴在旅行的过程中先变成水蒸气,又变成白云,又从白云变成小雨,最后变成小水滴回到大海。

活动延伸

启发幼儿用自己的方式画出小水滴的旅行路线。

活动二:有趣的水

活动目标

1. 通过实验了解水的特性。
2. 通过观察和动手实验,懂得水的重要性。

活动准备

盐、味精、糖、面粉、米、小石头、黄沙、黄豆、杯子、筷子。

活动过程

1. 通过观察、比较了解水的特性。

教师拿出一杯水,请幼儿仔细观察水的颜色。

教师:小朋友们,你们看看水是什么颜色的？

幼儿:白色,没有颜色……

教师引导幼儿比较米和水,让幼儿通过触摸感受水的特性。

教师:我这里有一碗米,小朋友们,请你们先摸摸米,再摸摸水,告诉我各有什么感觉。

幼儿:水是能摸透的,米是摸不透的……

2.通过实验了解水的特性。

教师发给每个幼儿一杯水,在桌子上摆放盐、味精、糖、米、黄沙等物品,让幼儿自由选择物品放入杯中,并用筷子搅拌。

教师:盐放进水里后怎么样了?它们去哪了?

幼儿:化掉了,好像被吃掉了。

教师:盐溶解在水里了。哪些东西会溶解?哪些东西不会溶解?大家赶紧挨个试试吧!

幼儿实验后发现糖、盐、味精会溶解,石头、黄沙、黄豆、米等不会被溶解。

3.教师引导幼儿懂得水的重要性。

教师:生活中什么地方需要用到水?人们离开水会怎么样?

教师总结水的重要性。

活动三:会变的水

🦋活动目标

1.学习歌曲《会变的水》,学习了解3/4拍节奏特点。

2.初步了解水的三态变化。

3.在轻松的氛围中参与活动,知道要节约用水。

🦋活动准备

冰块、热水、矿泉水瓶、小饭盆及洗手盆三四个、节奏卡片、音符卡片、音频资料。

🦋活动过程

1.教师请幼儿猜谜语,进入活动。

谜语:手抓不住,刀切不开。做饭洗衣,洗脸刷牙,都需要它。(谜底:水)

教师:听,这是什么声音?(教师放有水流声的音频)

2.教师引导幼儿了解水的三种状态。

教师首先出示冰块。

教师:冰块是什么变成的?它是怎么变成冰块的?

教师小结:水遇冷会结成冰。

教师再出示一杯热水。

教师:为什么上面会有气?

教师小结:水遇热会变成水蒸气。

教师最后出示矿泉水瓶。

教师:我现在把瓶里的水倒出来,水会怎么样?(水会流动)水流动的声音是什么样的?(哗啦、叮咚……)

教师小结:我们刚刚看到的是水的三种形态:冰块是水的固态,水蒸气是水的气态,流动的水是水的液态。

3. 教师教幼儿唱歌曲《会变的水》。

教师:关于水的三种形态,有一首好听的歌,叫《会变的水》。我们一起来学唱这首歌吧!

4. 教师引导幼儿注意节约用水。

教师:水是宝贵的资源,我们都要做一个节约用水的好孩子。

活动四:送水

活动目标

1. 锻炼平衡能力和手臂力量。

2. 知道要节约水资源,不能浪费水。

活动准备

与幼儿人数相等的小水桶和两只大水桶。

活动过程

1. 教师将幼儿分成两组,并让他们手提小水桶排成纵队站好。每个小组前面放一只大水桶。

2. 每组幼儿中的第一个幼儿提着小水桶向前走,到达大水桶前,将水倒进大桶里,然后返回站到队尾,其他幼儿依次如此送水。

3. 先将大桶装满水的一组获胜。教师要提醒幼儿在活动过程中尽量不要将水洒出桶外。

活动五：谁在水里游

🔖 **活动目标**

1. 锻炼快速反应能力。
2. 知道万物生长都离不开水,要节约用水。

🔖 **活动过程**

教师说出一种动物的名字,幼儿回答这种动物是否会在水里游。如教师说:"金鱼。"幼儿答:"在水里游。"教师说:"老鹰。"幼儿答:"不会在水里游。"

游戏规则:回答必须正确。说错的人要接受惩罚,罚唱一首歌或停止玩一次。

【节约用水　从我做起】

🔖 **活动目标**

1. 知道3月22日是世界水日,初步了解世界水日的宗旨是呼吁每个人都爱护水、珍惜水、节约用水。
2. 通过观看公益广告,进一步体会水与自然界的关系,懂得水的重要性,了解人与自然界都离不开水。

🔖 **活动准备**

节水公益广告视频。

🔖 **活动过程**

1. 教师播放节水公益广告视频,对幼儿进行节水教育。

教师组织幼儿观看节水公益广告视频,让他们了解水的重要性、缺水的严重性。

2. 教师组织幼儿讨论。

教师:幼儿园里、家里是怎样用水的？你们觉得洗衣服水、洗菜水还可以用来做什么？

幼儿积极参与讨论,想出了很有趣的点子,如用淘米水、洗菜水浇花,又如在家里可以用洗衣服的水拖地,洗手时水龙头要开小一点,水龙头漏水要赶紧修理,等等。

3.教师带着幼儿观察园内用水设施,如果发现问题就想办法处理。

4.教师组织幼儿用洗菜水浇灌种植区的植物(了解水的二次利用)。

【设计节水标志】

◆ 活动目标

1.知道一些节约用水的方法,进一步增强节约用水的意识,养成节约用水的良好习惯。

2.了解水的广泛用途,体会水的珍贵。

3.学习设计节水标志。

◆ 活动准备

知识经验准备:

1.观看视频,知道自来水是从江、河、湖中来的。

2.知道海水和被污染的水是不能喝的。

实物准备:

方形、圆形的纸和记号笔,相关图片。

◆ 活动过程

1.了解水的作用。

(1)教师拿出一杯清水。

教师:小朋友们,你们看看这个杯子里装了什么?

幼儿:水。

教师:水有什么用呢?

幼儿自由回答。

(2)教师根据幼儿的回答出示图片。

(3)教师小结:水可以喝,可以用来洗衣服、洗水果,人们的生活离不开水,动物和植物也离不开水。

2.了解水的珍贵。

(1)教师:我要告诉你们一个大秘密,我们的地球是个大水球,地球上有许多许多的水。

教师展示地球上水的分布图片,并告诉幼儿图片上深蓝色的水是海水,海水是不能直接喝的。

幼儿通过观察水的分布图,会直观地感受到淡水的稀少。

(2)教师:这些一点一点的是淡水。淡水和海水比起来怎么样?

幼儿:非常少。

教师:这非常少的淡水中,怎么有一些是黑颜色的呢?我们一起来看一看。

(3)教师展示图片"被污染的水"。

教师:现在我们看见的水是什么样的?

幼儿:脏的、黑乎乎的。

教师:这样的水都是被污染的水。被污染的水能喝吗?

幼儿:不能。

(4)教师展示图片"干涸的河"。

教师:这是什么地方?

幼儿:没有水的河。

幼儿观察干涸的河图片会体会到水的珍贵。

(5)教师总结:我们地球上的水虽然很多,但是淡水非常少,而且这非常少的淡水中有一些正在消失,还有一些正在被污染。我们可以利用的淡水资源越来越少。

3. 了解节约用水的方法。

教师:老师这里有几张图,请你们看一看,图中的人们正在干什么?谁做得对?谁做得不对?

通过让幼儿观察图片,引导他们知道哪些做法是对的,哪些做法是不对的。如洗车浪费水是不对的;洗手后关紧水龙头是对的;洗手时开很大的水太浪费,是不对的;妈妈用洗衣服的水拖地是对的;洗澡擦肥皂的时候还开着水,是不对的,等等。

教师:还有没有其他节约用水的方法呢?让我们一起来想一想。

4. 教师带领幼儿总结:洗手时,水龙头开小一点,用淘米水浇花、用洗衣服的水拖地等都可以节约用水,我们每个人都应该爱惜水、节约用水。

5. 教师带领幼儿绘制节水标志,进一步提高幼儿节约用水的意识。

教师:现在让我们来画一画节水标志。我们怎么才能让大家一看见这个标志,就知道要节约用水呢?

幼儿绘制节水标志,教师巡回指导。

6.比一比谁的节水标志画得合理。

请幼儿将自己绘制的节水标志张贴在幼儿园里。

拓展活动

开展"我是节水小卫士"活动,鼓励幼儿向自己认识的 10 个人介绍节约用水的方法。

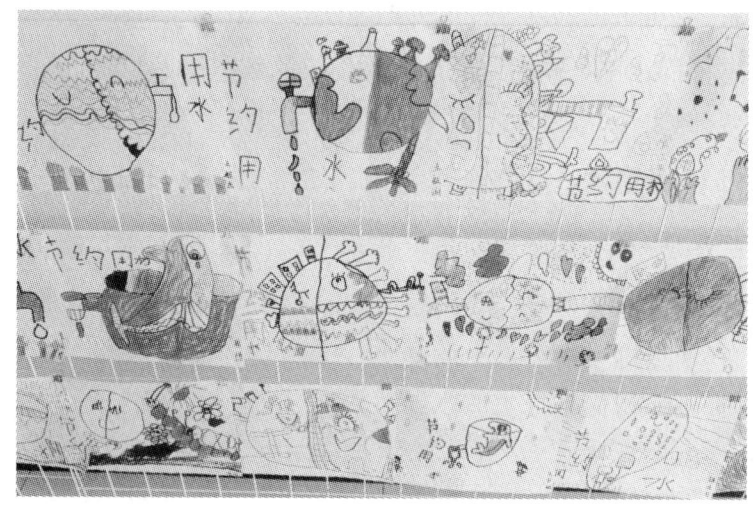

缅怀先烈,感悟成长
——清明节主题活动

❀设计意图

　　清明节又叫"踏青节",是中国的传统节日之一,也是最重要的祭祀节日之一,是祭祖和扫墓的日子。清明节来到,春天就真正开始了。在清明节期间,组织幼儿开展系列教育活动的目的是让幼儿通过扫墓活动追念革命烈士,继承先烈遗志,树立认真学习、长大建设祖国的理想;让幼儿通过踏青春游、荡秋千、放风筝等活动,了解传统风俗,锻炼身体,充分感受春天的美好。

❀主题活动目标

　　1. 了解寒食节的来历,感受寒食节的气氛与其他节日的气氛的不同。
　　2. 更加热爱祖国,更加珍惜今天的幸福生活。
　　3. 乐意与教师、同伴一起踏青,体验节日的快乐。

❀主题活动准备

　　1. 教师设计主题活动方案,在主题墙饰中渗透"我这样过清明"相关内容,在活动区域中投放操作材料。
　　2. 请家长给幼儿讲述有关清明节的故事,和幼儿一起讨论怎样过清明节。
　　3. 教师提醒幼儿观察春天的景色。

❀家园共育

　　1. 请家长给幼儿讲讲清明节的习俗,和幼儿聊聊怎样过清明节,和他们一起制作风筝,走出家门,去踏青。
　　2. 家长支持幼儿带一个风筝入园,鼓励他们与同伴分享。
　　3. 家长配合幼儿园清明节延伸活动,和幼儿一起记录"我们的清明节",并鼓励幼儿入园与大家交流。

【我们的节日·清明】(各领域活动)

活动一：寒食节

🦋 **活动目标**

1. 了解寒食节的来历,感受寒食节的气氛与其他节日的气氛的不同。
2. 通过学习历史和历史人物故事,学习古人舍己为人、不争功名的精神。

🦋 **活动准备**

月饼、新年树、花灯、白花、纸箱。

🦋 **活动过程**

1. 教师给幼儿讲述介子推与寒食节的故事。

(1)请幼儿说一说自己是怎样过寒食节的,让幼儿了解寒食节吃凉鸡蛋等冷食的习俗。

(2)教师讲述介子推的故事。

早在两三千年以前,晋献公的儿子重耳被骊姬陷害,长期逃亡在外。过了19年,他才回国当国君,后来成为春秋五霸之一晋文公。晋文公出逃在外的时候,幸得一些大臣辅佐。他即位后,对同他一起逃亡的大臣论功行赏。介子推是一位十分忠诚的有功之臣,他跟随晋文公逃亡在外19年。有一次,晋文公被困在魏国,吃不上饭,介子推偷偷地从自己腿上割下一块肉来给晋文公吃。可是,晋文公奖赏大臣的时候却把介子推忘了,但他并不争功,背起母亲到山西的绵山去了。

后来,晋文公想起了介子推,便派人去他家里找,没有找到。后来他们找到了绵山脚下。晋文公知道介子推很孝顺,便使用了放火烧山的办法,他以为这样介子推就会背着母亲出来。可是,介子推和母亲宁可被烧死也不下山,结果死在了山上。晋文公很难过,也很后悔,规定每年介子推死的这一天(也就是清明前一天),家家都严禁烟火,吃寒食,过寒食节。

2. 教师组织幼儿讨论。

教师:寒食节是怎样来的? 现在人们为什么过寒食节? 为了纪念谁?

3. 教师带幼儿进行词语练习。

(1)教师鼓励幼儿用"偷偷地"说一句话。

(2)教师鼓励幼儿用"后悔"说一句话。

4.教师带着幼儿玩游戏。

(1)摸箱游戏:将不同节日的代表性物品放入有盖子的纸箱里,请幼儿从中摸出一件,说出它的名称和它属于哪个节日。

(2)连线游戏:将节日及其代表性物品的字卡贴在黑板上,让幼儿连线。

活动二:古诗欣赏《清明》

◆ **活动目标**

1.观察图片、欣赏古诗,初步了解古诗大意。

2.了解清明节的风俗习惯,感受清明节人们扫墓时的心情。

3.简单了解清明节的来历。

◆ **活动准备**

1.古诗教学课件。

2.幼儿前期经验准备:了解清明节的习俗。

◆ **活动过程**

1.教师播放《琵琶语》音乐,让幼儿感受古曲的旋律,进入活动。

2.教师引导幼儿了解清明节的风俗。

教师:清明节时你们和家人都做了什么事情?

教师:小朋友们说了很多清明节做的事,我们看看其他人都做了些什么。

教师:清明节这天,路上来来往往的人表情悲伤,手捧着鲜花去祭拜亲人……所以,清明节扫墓,是对已经去世的人的怀念。在清明节前后,人们的心情都比较悲伤。

3.教师与幼儿一起学习古诗,让幼儿初步了解古诗大意。

(1)教师和幼儿一起欣赏古诗。

教师:古代人在清明节这天会做些什么呢?

教师播放古诗朗诵课件。

教师:小朋友们请看大屏幕,欣赏诗朗诵《清明》,要认真听哦,因为后面你们要跟着朗读一遍。

(2)教师引导幼儿看配有古诗的图片,初步了解古诗大意。

教师组织幼儿自由讨论图片。

(3)教师引导幼儿仔细观察图片,让他们进一步了解古诗大意。

教师出示图片,引导幼儿发现诗句与图片的匹配关系。

教师先让幼儿观察图片,再让他们将诗句和图片对应起来。

教师:如果要给这些诗句宝宝找图片朋友,你们认为应该怎么找?谁能为"清明时节雨纷纷"这句诗找到图片朋友?

教师:谁能为"路上行人欲断魂"这句诗找到图片朋友?谁来说一说"路上行人欲断魂"这句诗是什么意思?

教师:第三句"借问酒家何处有"对应哪一幅图片?

教师:最后一句"牧童遥指杏花村"对应的就是最后一幅图片了。

4. 教师鼓励幼儿朗诵古诗。

(1)幼儿集体诵读古诗《清明》。

教师:这首古诗的名字叫《清明》(出示字卡),写这首诗的诗人叫杜牧,他是唐代很有名的诗人。现在让我们一起一边看图片一边读这首古诗。

(2)教师引导幼儿进行趣味性朗读,如表演朗读、接龙朗读等。

5. 认字活动:学习"明"字。

教师:"明"在甲骨文中是由一个日和一个月组成的,表示日月照耀、明亮的意思,也解释为带来光明。金文和小篆中的明字是由月和一个窗户形的字符结构组成,意思是月光照进窗内,表示光亮之意。现在的明字一般理解为光亮之意。我们今天学的这个字读什么呀?

幼儿:míng。

6. 结束活动:欣赏歌曲《清明》。

教师:今天我们学习了古诗《清明》,还有一首好听的歌曲也叫《清明》,我们一起来听一听。

活动三:踏青

活动目标

1. 理解踏青的意义。

2. 学习古诗《苏堤清明即事》,并知道诗的大意。

3. 学习观察并讲述春天的景色。

活动准备

古诗课件。

活动过程

1. 教师利用课件引导幼儿表达,进入活动。

(1)教师让幼儿讲述初春的景色,并让他们用"有……有……还有……"句式简单描述,如春天里,有花,有草,还有小鸟;春天里,有小河流水,有小蝌蚪,还有小蜜蜂采花蜜等。

2. 教师给幼儿介绍踏青、春游的故事。

教师:山东省博兴县一带流行在清明节吃巧巧饭。每逢清明,一大早,姑娘们便三个一伙、五个一群,凑了挂面、鸡蛋,带上炊具来到村外,有的砌灶,有的拾柴,然后一起烧火煮面条。在面条煮好后,她们会往锅里扔些用秫秸制作的女工用品。在吃饭时,谁吃到女工用品,谁就会心灵手巧,这就是吃"巧巧饭"。吃完"巧巧饭",她们会去看柏树开花,谁看到柏树开花,谁就会有好运气。待太阳升起,她们会到麦田里踏青,据说"清明踏了青,不患脚疼病"。

3. 教师带着幼儿一起学习古诗《苏堤清明即事》。

教师给幼儿讲解古诗的意思,启发幼儿想象古人春游时的热闹景象。

4. 教师引导幼儿仿编儿歌《春天来》。

教师指导幼儿用简短的语句描绘春天的景色,如春天到,春天到,小河流水哗哗笑,小鱼小虾戏耍闹。

活动四:插柳

活动目标

1. 了解插柳是黄河口一带的清明节习俗,并知道其由来。

2. 在插柳活动中,培养爱劳动的习惯。

3. 理解插柳的意义,懂得植树造林的好处。

活动准备

柳枝若干,小铁铲、小水桶若干。

活动过程

1. 教师介绍清明节插柳的习俗。

教师:清明时节,草青树绿,黄河口一带的人们有折柳枝的习俗。你们知道这是为什么吗?

幼儿:人们要插柳。

教师:你们知道人们为什么要在清明节插柳吗?相传晋文公在清明节的第二天,到大臣介子推坟前祭奠,他发现与介子推同时被烧死的柳树复活了。晋文公便掐下柳枝插在头上,表达对已故介子推的怀念。后来这种习俗流传下来,人们用插柳表达对故去亲人的怀念。

2.教师向幼儿讲解插柳的意义,激发幼儿动手插柳的兴趣。

教师:插柳既可以渲染节日气氛,又可以绿化周围的环境。每到柳枝展绿的时候,就说明春天到了。

3.教师组织幼儿插柳。

活动要求:四个小朋友为一组。其中一个小朋友用小桶提水,两个小朋友用小铁铲松土,最后一个小朋友拿柳枝。四人要团结协作,合作插柳。最后评选出插得又好又快的优胜小组。

插柳方法:先用小铁铲松好土,然后插柳枝,最后浇水。

幼儿动手插柳,教师巡回指导。教师要提醒幼儿松土时可以找个松软的地方,松的土要稍深点,以免柳枝歪斜不牢固,注意不能浇太多水。在幼儿插完柳枝后,教师组织幼儿将工具放好,然后总结活动情况,表扬不怕脏、不怕累的幼儿及团结协作好的小组。

活动五:《扫墓歌》歌曲赏析

活动目标

1.理解扫墓的意义,培养尊重和缅怀烈士的情感。

2.热爱祖国,珍惜今天的幸福生活。

3.学习歌曲《扫墓歌》。

活动准备

歌曲《扫墓歌》音频资料。

活动过程

1.教师通过谈话引出话题,激发幼儿兴趣。

教师:小朋友们,你们知道清明节是几月几日吗?你们知道我们的幸福生活是谁创造的吗?

幼儿自由讨论回答。

教师:今天我们来学习一首歌曲《扫墓歌》,让我们一起来听一听吧!

教师要求幼儿仔细听,在他们听完之后,教师提问。

教师:你们听到歌曲里唱到了什么?歌曲中的人是怎样去扫墓的?

2. 教师再次让幼儿听歌曲,引导幼儿感受歌曲表达的感情。

3. 教师带着幼儿学唱歌曲,让他们感受歌曲表达的沉重感情,培养幼儿尊重和缅怀烈士的情感。

活动六:放风筝

活动目标

1. 了解风筝的种类及结构。

2. 激发放风筝的兴趣,提高活动能力。

3. 感受春天的美好。

活动准备

不同类型的风筝若干。

活动过程

1. 教师通过启发提问,引出活动主题。

教师:小朋友们,你们放过风筝吗?你们的风筝是什么样的?你们见过什么样的风筝?

2. 教师出示准备好的风筝让幼儿欣赏,引导幼儿观察各个风筝的色彩、结构,提高幼儿的审美能力。

4. 玩放风筝游戏,让幼儿体验放风筝的乐趣,锻炼跑步的能力。

放风筝游戏玩法:

将幼儿分成四队,让他们排成四路纵队在场地上站好,进行放风筝接力赛。在教师发出信号后,排在第一位的幼儿手拉风筝线往前跑,跑回来后将风筝线交给第二个幼儿,第二个幼儿握着风筝线接着跑。如此接力,直到每队的幼儿都参与了游戏。先跑完的一队获胜。游戏可以反复进行。

活动七：祭扫烈士墓

活动目标

1. 理解扫墓的意义，培养尊重和缅怀烈士的情感。
2. 培养热爱祖国的情感，珍惜今天的幸福生活。

活动准备

白纸、线、彩笔。

活动过程

1. 教师引导幼儿了解清明节是扫墓的日子。

教师：清明节是我国二十四个节气中的一个，是扫墓的日子。为了纪念革命先烈和逝去的亲人，人们会在这一天扫墓。

2. 教师介绍清明节扫墓的原因。

教师：人们为什么选择在清明节扫墓呢？原因之一：清明时节天气转暖，雨水增多，草木蔓生，陵园墓地需要整理；原因之二：清明前后，山清水秀，桃红柳绿，人们趁此大好春光，出去郊游；原因之三：原为怀念古人介子推，现在已将清明节扫墓作为缅怀革命先烈的主要活动。

3. 教师带着幼儿制作花圈。

教师：无数革命先烈为了解放事业，为了让人们过上幸福生活，在战争中光荣牺牲了。为了纪念他们，我们将组织扫墓活动。现在我们一起来制作一个花圈吧。

4. 教师组织扫墓活动。

教师提醒幼儿扫墓活动应注意的事项(要庄严、肃穆，表示对先烈的尊重)。

(1)开场仪式。

教师：今天是一个特殊的日子，在和煦的春风下，我们小朋友来到烈士墓前，纪念革命烈士，缅怀先烈们的丰功伟绩。

(2)献花。

教师：没有革命烈士的牺牲，就没有我们今天的幸福生活。让我们献上鲜花，表达我们对先烈们崇高的敬意。

请两位小朋友代表献花。

(3)教师讲述烈士故事。

教师:让我们一起聆听革命先烈事迹,永远铭记他们的丰功伟绩。

(4)教师和幼儿一起朗诵诗歌《扫墓诗》。

教师:请小朋友们和我一起朗诵《扫墓诗》。

(5)全体人员默哀。

教师和幼儿立正默哀一分钟,在默哀结束后,向革命烈士三鞠躬。

(6)集体演唱《扫墓歌》。

(7)教师和幼儿围着纪念碑走一圈,表达心中的思念。

书香润童心，好书伴成长
——世界读书日主题活动

设计意图

1995年，联合国教科文组织宣布4月23日为世界读书日。为了培养幼儿爱读书、乐读书、会读书的习惯，打造"书香校园""书香家庭"，幼儿园将4月定为读书月。

开展读书月活动旨在引导幼儿与经典好书做朋友，营造浓浓的读书氛围，激发师生读书的兴趣，让书籍为幼儿打开一扇扇窗，开启一道道门，丰富他们的知识，开阔他们的视野，活跃他们的思维，陶冶他们的情操，真正使他们体验到读书的快乐。

主题活动目标

1. 营造浓厚的读书氛围，促进幼儿园书香校园建设。
2. 使幼儿接触优秀的儿童文学作品，培养阅读的兴趣和良好的阅读习惯，为他们的终身学习打好基础。

主题活动准备

1. 教师设计主题活动方案，在主题墙饰中渗透读书日主题，在活动区域中投放自制图书。
2. 请家长和幼儿一起自制图书，记录亲子读书心得，经常带幼儿逛书店。

家园共育

1. 请家长利用周末带幼儿逛书店挑选图书，和幼儿一起自制图书和书签。
2. 幼儿带自制图书来园分享。

活动过程

(一)第一阶段:策划启动阶段

1. 制订读书日主题活动方案。

2. 营造浓厚的读书氛围。

(1)班级创设并丰富读书角,营造阅读氛围,开展"好书推荐"活动。

(2)制作宣传海报、横幅等。

(3)利用幼儿入园、午餐、户外体育活动等时间滚动播放儿歌、古诗、故事等。

(4)在幼儿园内悬挂幼儿自制书签、摆放幼儿自制图书,营造书香环境。

3. 向全园教师、幼儿及其家长发出读书月活动倡议书,拉开读书月序幕。

(1)读书月启动仪式:在4月1日升旗仪式时进行。

(2)鼓励家长带着幼儿开展亲子阅读活动。

(二)第二阶段:组织实施阶段

1. 教师活动

(1)"午后阳光、书香满园"——组织教工们在园内进行读书沙龙活动。

(2)"知性优雅、文窗遣兴"——鼓励教师读读、写写,出一份教师读书心得报纸,展示教师文学素养和文字功底。

(3)组织一次保育员老师手工制作比赛,要求制作的东西与书有关。

2. 幼儿活动

(1)大班幼儿自制图书:每个幼儿都带一本自制图书入园,存放在读书角,供本班孩子分享阅读用。

(2)开展"一日三读",即"自主阅读"(早饭后10分钟),"午读经典"(午睡前10分钟,教师或"故事妈妈"为幼儿讲述经典故事),亲子共读(晚上在家与父母一起阅读)。

(3)大带小读书活动:中班或大班的哥哥、姐姐轮流到小班,为弟弟、妹妹们读书。

(4)"我阅读 我快乐 我成长"好书漂流活动。

(5)开展家长进课堂讲故事活动,要求家长备好课。教师一定要拍照记录下来。

(6)以班级为单位开展手工制作活动,作品展示在活动室或公共区域。

(7)开展"我和图书共成长"征文活动。请家长及时将亲子阅读心得写下来,积极参与征文活动。教师将优秀作品展示在幼儿园宣传橱窗里。

(8)读书月活动照片征集。

(三)第三阶段:总结表彰阶段

表彰"书香润童心,好书伴成长"活动中的优秀表现者。

劳动最光荣
——国际劳动节主题活动

❧ 设计意图

国际劳动节又称"五一国际劳动节",是全世界劳动人民共同的节日。

对于现在的孩子来说,劳动教育尤为重要。我们通过开展劳动节主题活动,让幼儿对五一劳动节有深刻的认识,引导幼儿认识周围的劳动人民,萌发热爱劳动人民的情感,懂得珍惜劳动人民的成果。通过活动,我们教育幼儿们从身边的事做起,从小事做起,练好本领,长大了用自己的劳动创造价值,用自己的力量为祖国、为社会服务。

❧ 主题活动目标

1. 知道5月1日是国际劳动节。
2. 知道劳动者在用劳动为大家服务,激发尊敬和热爱劳动者的情感。
3. 培养劳动意识,学习劳动技能,体验劳动的快乐,从小养成爱劳动的习惯。

❧ 主题活动准备

1. 教师设计主题活动方案,在主题墙饰中渗透劳动节内容,在活动区域中投放操作材料。
2. 请家长给幼儿讲述有关劳动的故事,做好和幼儿一起过五一劳动节的准备。
3. 教师带领幼儿参加社区组织的小小志愿者活动。

❧ 家园共育

1. 请家长给幼儿讲讲五一劳动节的故事,和他们聊聊怎么过五一节。
2. 家长引导幼儿做一个爱劳动的好孩子,鼓励幼儿与他人分享劳动成果和劳动感受。

3. 请家长配合幼儿园开展庆祝五一劳动节的延伸活动。

【劳动最光荣】(各领域活动)

活动一:我爸爸、妈妈的工作

活动目标

1. 了解爸爸、妈妈的工作及其特点,知道他们工作很辛苦。

2. 感受爸爸、妈妈对自己的爱,激发热爱、尊敬劳动者的情感。

活动准备

不同岗位工作人员工作时的图片、爸爸带宝宝运动和妈妈做饭的图片、歌曲《让爱住我家》音频资料。

活动过程

1. 教师出示图片,引导幼儿认识各种常见的职业。

教师:图片上的这位叔叔(阿姨)是做什么的?

2. 教师鼓励幼儿说说爸爸、妈妈的名字和他们的工作。

教师:你的爸爸(妈妈)是做什么的?

教师总结职业与人们生活和学习的关系。

3. 教师先后出示爸爸带宝宝运动和妈妈做饭的图片,引导幼儿感受爸爸、妈妈的爱。

教师:图片上的爸爸(妈妈)在做什么?他(她)辛苦吗?我们应该怎么做?

4. 教师和幼儿一起欣赏歌曲《让爱住我家》。

活动二:各行各业

活动目标

1. 了解生活中的不同职业,知道几种常见职业的名称,了解不同职业与我们生活的密切关系。

2. 通过讨论、交流等活动培养良好的语言表达能力。

3. 培养对不同职业劳动者的尊重和敬佩之情。

活动难点

能够大胆、准确地说出不同职业的工作内容及其与人们生活的关系。

◆ **活动准备**

1. 不同职业工作人员工作时的图片。

2. 护士、医生服装(活动前排练好情景剧)。

◆ **活动过程**

1. 情境导入。

教师拿出医生给病人看病的图片。

教师:这里是哪里?

幼儿:是医院。

教师:图片上的人们在干什么呀?

幼儿:医生在给病人看病。

教师:医院里面除了医生和病人,还有哪些人?

2. 教师引导幼儿说出自己的理想。

教师:小朋友们,你们长大后想做什么?(如医生、警察、科学家等)

教师小结:小朋友们说了很多,我们把这些统称为职业。

3. 教师出示不同职业工作人员工作时的图片,引导幼儿认识和了解不同的职业。

4. 教师和幼儿一起讨论不同职业的重要性。

教师:小朋友们,我们提到的这些职业都是我们日常生活中常见的,如果没有从事这些职业的劳动者,我们的生活会变成什么样?

幼儿:如果没有警察叔叔,就会有很多坏人危害社会;如果没有列车员叔叔,我们很难安全、有序地乘坐火车……

教师小结:从事不同职业的劳动者在我们的生活中很重要,我们要尊敬和感谢他们,我们长大之后也要成为能带给大家方便、对社会有用的人。

活动三:我是爸爸、妈妈的小帮手

◆ **活动目标**

1. 体会家人对自己的关心和教育。

2. 尝试在教师及家人的引导下做一些力所能及的事情并体验其中的快乐。

❧ **活动准备**

家长做家务的视频资料。

❧ **活动过程**

1.教师播放视频,引导幼儿观察大人收拾餐桌的过程,并鼓励他们尝试擦自己的桌子和椅子。

教师:视频里的阿姨在干什么呀?她擦桌子时用的是什么工具?

教师:我们的小桌子和小椅子也需要擦干净,你们知道怎么擦吗?大家一起来把小桌子和小椅子擦干净吧。

教师:你们家里的东西脏了、乱了是谁清洗和收拾呀?他们是怎么做的?他们累不累呢?

教师:让我们一起来收拾我们的书画区和玩具区吧。

2.教师总结。

教师:我们的爸爸、妈妈在家里每天都会做家务,他们会很累。我们要帮助他们,做他们的小助手!

活动四:劳动最光荣(音乐活动)

❧ **活动目标**

1.感受歌曲欢快、活泼的曲调,学唱歌曲《勤劳人和懒人》,并尝试用常见的打击乐器为歌曲伴奏。

2.能分辨歌词中勤劳与不勤劳的动物。

❧ **活动准备**

与歌曲《勤劳人和懒人》内容对应的图片,打击乐器若干。

❧ **活动过程**

1.教师带领幼儿先复习一些学过的关于劳动的歌曲,再欣赏新歌《勤劳人和懒人》。

教师:小朋友们,我们学过哪些关于劳动的歌曲?一起来唱一唱吧。

教师:今天让我们一起来学习新歌《勤劳人和懒人》,让我们先来听一听这首歌吧。

2.教师引导幼儿理解歌词内容。

教师:《勤劳人和懒人》这首歌好听吗?歌曲里唱了什么?

教师出示图片,帮助幼儿理解歌词。(可根据需要反复多放几遍歌曲)教师有节奏地朗诵歌词,让幼儿说说有哪些听不懂的词句,进一步引导幼儿理解歌词。

教师根据歌曲的节奏念歌词,可适当地加入一些衬词,如在"雄鸡唱三唱"后面加上"喔喔喔",在"鸟儿忙梳妆"后面加上"叽叽喳"。教师带着幼儿朗诵歌词。教师鼓励幼儿说说自己喜欢歌曲中的哪些小动物,并说明原因。

3. 教师和幼儿一起继续欣赏歌曲,让幼儿尝试跟唱。

教师再次播放歌曲,引导幼儿感受歌曲欢快、活泼的旋律。教师示范演唱,让幼儿跟唱。

4. 教师用打击乐器为歌曲伴奏,让幼儿分组跟唱,鼓励幼儿自己尝试用打击乐器进行伴奏。

【劳动最光荣】

❧ 活动目标

1. 让家长进一步了解幼儿园的工作。
2. 提供家长与幼儿交流的机会,充分展示家长的教育智慧。
3. 引导家长了解幼儿的年龄特点,丰富家长的育儿经验。
4. 拓宽幼儿的知识面,初步感受不同的教育方式。

❧ 指导原则

1. 合作互动,优势互补原则:幼儿园教师和家长是平等、合作的关系,教师应以平和、平等的态度对待每一位家长,互相学习,互相帮助,互相指导,共同提高。

2. 尊重在先,真诚沟通原则:教师要有接纳家长的积极态度,要尊重每一位参与助教活动的家长。教师要注重活动细节,让家长知晓活动目的、意义,与家长真诚沟通。

3. 以幼儿发展为中心的原则:家长助教的最终目的是促进幼儿的发展,活动的核心是促进幼儿的全面发展。

4. 适当性原则:教师应适时地指导家长,要给予家长发挥的空间,要根据不同的活动内容采取灵活的指导方式。

活动建议

1.家长助教活动的前期准备工作。

(1)教师提前告诉家长助教活动的意义。每个班级选择两位有能力、有时间的家长参加活动。

(2)教师提前与家长沟通活动具体内容。

(3)教师提前一天提醒助教家长做好准备,并协助他们准备好操作材料。

(4)教师提前将助教活动内容告诉幼儿,提醒幼儿在活动中要认真、专注,懂得基本的礼貌礼仪。

(5)教师提醒两位家长要分工明确。

2.家长助教活动的实施。

(1)教师要配合家长,使得家长助教活动有序开展。

(2)教师负责在活动过程中拍照。

(3)在助教活动结束后,请家长谈谈自己的收获和感受。

3.家长助教活动的后期工作。

(1)请参加助教活动的每位家长都写一篇助教感受,并展示在家园联系栏里或幼儿园网站上。

(2)教师撰写一篇给助教家长的感谢信。

活动一:爱护你的牙齿(小班)

活动目标

1.了解牙齿的作用。

2.懂得保护牙齿的意义,了解保护牙齿的方法。

3.掌握正确的刷牙方法,培养良好的用牙习惯。

活动准备

1.家长和教师准备牙齿模型、牙刷、《牙齿的秘密》视频资料。

2.幼儿每人带一面小镜子和一把牙刷。

活动过程

1.家长请幼儿猜谜语,激发幼儿参与活动的兴趣。

家长:今天我带来了一个谜语,请小朋友一起猜一猜。兄弟生来白又白,整整齐齐排两排。口中饭菜它磨碎,早晚用刷把澡洗。你们猜一猜是什么?

幼儿:牙齿。

家长:对,是牙齿。今天我们就来学习怎样保护我们的牙齿。

2. 家长介绍牙齿的作用。

家长:小朋友们,你们知道我们的牙齿有什么作用吗?我们的牙齿主要是用来咬切、咀嚼食物的。如果不爱护牙齿会怎样呢?让我们一起来看一看。(家长播放视频《牙齿的秘密》)

家长:视频中的东东没有按时刷牙,后来他的牙齿怎样了?

家长小结:小朋友们早晚都要刷牙,饭后要漱口。如果有了虫牙,牙齿就会很疼很疼,所以我们一定要注意保护牙齿!

3. 家长引导幼儿学习如何爱护牙齿。

家长:我们怎样保护我们的牙齿呢?

幼儿:刷牙、饭后漱口、少吃糖……

家长:刚才小朋友们说了很多保护牙齿的方法,总结来说就是大家要从小养成早晚刷牙、饭后漱口、睡前不吃零食的好习惯。

4. 家长演示正确的刷牙方法。

家长:小朋友们,你们知道应该怎样刷牙吗?

家长演示正确的刷牙方法:刷上牙时,顺着齿缝从上往下刷;刷下牙时,顺着齿缝从下往上刷;先刷牙外面,再刷牙里面,最后刷咬合面。

5. 家长引导幼儿尝试刷牙。

家长:今天大家都带来了牙刷、小镜子,现在我们一起来学习刷牙吧。请大家拿着牙刷、小镜子,跟着我做。

家长:小朋友们,你们真棒,刷牙刷得好认真啊,现在我请一个小朋友上来刷给我们看看。(请一个小朋友示范)

家长:我还准备了一首《刷牙歌》跟小朋友分享,请小朋友边听歌曲边刷牙。

家长小结:小朋友们,牙齿的作用可大了,我们要好好保护我们的牙齿。从今天起,早晚都要刷牙,饭后要漱口。坚持这样做,我们的牙齿会更坚固、更健康!

活动二：食品安全最重要

活动目标

1. 认识食品包装上的生产日期和安全标志。
2. 能仔细观察、分析哪些食品是安全的，哪些食品是存在安全隐患的。
3. 增强食品安全意识，管住自己，少吃零食。

活动准备

1. 各种食品包装袋及装食物的瓶子和罐子。
2. 变质食品若干。
3. 教学课件。

活动过程

1. 家长以谈话形式导入活动。

家长：大家好，我是一名食品检验员，今天我将带着大家了解一下食品检验的过程。

小朋友们，你们每天都要吃一些有营养的食物，除了饭菜，还有鲜奶、奶粉、蛋糕、饼干、糖等，是不是？除了饭菜，你们每天吃的东西基本上都是爸爸、妈妈买来的，是不是？那么，这些食品是合格、安全的吗？这就需要食品检验员检验一下。我就是做这个工作的——食品检验。

下面我以奶粉为例，给小朋友们介绍一下。

奶粉的检验分为三个方面：常规检验、微生物检验和仪器检验。简单地说就是我们肉眼看得见的检验和肉眼看不见的检验。下面请大家看一些图片，图片1至图片3是看得见（含量比较高）的蛋白质含量的检验，这个检验能告诉我们奶粉的主要营养成分蛋白质的含量；图片6、图片7、图片11到图片13是肉眼看不见的微生物（细菌）的检验，图片11到图片13中的圆点，就是平时老师说的细菌。但是细菌分为许多种，图片中的这些细菌属于哪一种？它们是什么样子的？因为细菌非常小，我们的肉眼根本看不见，所以需要借助图片6和图片7中的显微镜把它们放大了才能看得见；图片4、图片5、图片8、图片10中是肉眼看不见的有毒、有害物质（如重金属）的检验，这些肉眼看不见的有毒、有害物质会给我们的身体带来伤害，这些有毒、有害物质需要借助大型仪器才可以看见。经过了这些检验,只有肉眼看得见的外观、蛋白质和肉眼看不见的细菌、重金属等成分都是合格的,我们才能说这个奶粉为合格产品,才能给出如图片9所示的合格报告。有合格报告的奶粉才能在商店里售卖。

小朋友们,你们有没有注意过食品包装上的安全信息呢?在正规超市购买的食品,它的外包装上会有生产日期和安全标志,你们知道吗?

2.家长带着幼儿认识生产日期和安全标志。

(1)家长出示生产日期及安全标志图片,请幼儿观察并辨认。

家长:图中的食品包装袋和牛奶瓶上有什么数字和图案?它们有什么作用?

这是生产日期、保质期以及安全标志。它们可以告诉我们食品是不是安全的,是不是可以放心食用的。在保质期内的食品是安全的,过了保质期就是不安全的,吃了可能会生病。有安全标志的食品是安全的,没有安全标志的食品最好不要购买。和爸爸、妈妈去买食品时,你可以提醒他们注意包装上的生产日期、保质期、安全标志。如果你不会计算保质期,可以问问身边的大人。

(2)家长引导幼儿学习分辨变质食品的正确方法。

家长:我们怎样才能知道食品有没有变质呢?新鲜牛奶、豆浆能在温室下放很久吗?

幼儿自由回答。

家长:在吃食物之前,我们要确定食物是卫生的。我们可以先仔细地观察一下有没有霉点,是不是变色了,再用鼻子闻闻有没有奇怪的味道,比如酸味或者臭味。如果食物的颜色或味道改变了,很可能它已经变质,不能吃了。新鲜牛奶、豆浆在室温下不能放太久。

4.家长组织谈话活动。

家长鼓励幼儿轮流介绍自己爸爸、妈妈的工作,感受他们工作的辛苦。

5.家长和幼儿一起学唱歌曲《劳动最光荣》。

家长引导幼儿用动作表现歌曲内容,表达对劳动者的尊重和热爱。

活动三:人民警察最光荣

活动目标

1.了解人民警察的职业特点及110接警后的处理流程。

2. 培养热爱、尊敬人民警察的情感。

3. 学会基本的自我保护知识，知道不能随意拨打110。

活动准备

协助家长准备相关图片及材料，撰写教案。

活动过程

1. 家长带领幼儿认识警服、警徽，了解警徽的含义。

家长：小朋友们，你们见过叔叔穿的这身衣服吗？你们知道叔叔是做什么工作的吗？（请幼儿回答）没错，叔叔是一名人民警察。首先我们来认识一下警服。警服的整体颜色是藏蓝色，帽子上有警徽，领口有领花，左肩臂上有"公安"的袖章，胸前还有警察独有的警号。这是警徽。（出示警徽图片）警徽是人民警察的标志和象征，由国徽、盾牌、长城、松枝组成。国徽是国家的标志和象征，表明人民警察是国家法律的捍卫者；盾牌是人民警察的象征，表明人民警察有保卫人民的神圣职责；长城象征人民警察是维护社会秩序和国家安全的钢铁长城；松枝象征人民警察的高洁品质和坚定的战斗意志。只有公安机关、国家安全机关、监狱、劳动教养管理机关的人民警察和人民法院、人民检察院的司法警察、人民武装警察部队才拥有使用警徽的权利。

2. 家长给幼儿介绍人民警察的工作、110的主要职责以及110报警服务台工作人员的工作流程。

家长：你们知道警察是什么人吗？你们知道警察平常做些什么事情吗？小朋友们，你们在什么时候会想到警察呢？（请幼儿回答）对，遇到坏人的时候，有困难需要帮助的时候，我们都会想到警察。每到这些时候，你们都是怎样找到警察的呢？（请幼儿回答）对，拨打110。

提到警察，我们首先会想到110。叔叔现在就在市公安局110报警服务台工作。大家来看一下，这里是我们110报警服务台的指挥大厅。（出示图片）每当有市民拨打110报警电话、122交通事故报警电话，或119火警电话时，在这里工作的叔叔、阿姨都会接听，并将这些警情报给相关单位。大家可以看一下，现在屏幕上显示的是哪里？（请幼儿回答）对，这里是幼儿园。110报警服务台的指挥大厅里有56块电视屏幕，上面显示的是全市路面的治安监控探头拍下的画面。如果有情况发生，我们坐在指挥大厅就能将现场画面及时调出，放在大屏幕上,方便接警员指挥处置。幼儿园的门口也有一个监控探头,可以360度旋转。所以,小朋友们在这里学习、玩耍是非常安全的。

现在画面上显示的就是110报警服务台的接警界面。(出示图片)接警员在接到报警后是通过电脑下单,将任务派给出警民警的。除了利用电脑,接警员还可以使用电话给出警单位发出指令。为了及时了解现场情况,接警员还可以使用对讲机和出警民警沟通。

有谁能告诉我,什么时候才能拨打110?(请幼儿回答)当你遭受坏人的侵害或是发现其他人正在受到侵害,或是当你遇到困难难以解决,或是发现有火灾发生时,都可以拨打110报警。接到报警电话后,接警员会详细地询问报警求助事项的基本情况,如时间、地点、发生了什么事情,报警人所在的位置,等等,然后根据警情,安排相关单位赶往现场处置。(出示多张出警图片)

比如,回到家时,你发现家里进了小偷,家里的东西被盗了,便拨打了110。接到报警后,接警员会安排警察叔叔或阿姨到你家里,查看家里具体被盗了多少物品,根据被盗现场的情况,查找线索,如小偷的脚印、指纹,等等。再比如,你和爸爸、妈妈逛商场,发现有人吵架打架,拨打了110。接到报警后,接警员会安排派出所的警察叔叔或阿姨赶到现场,劝阻调解。一旦有人受伤,警察叔叔或阿姨还会根据打架的原因、受伤人员的受伤程度,决定如何处理违法人员。再比如,在接到路面上发生交通事故的报警后,我们会安排交警支队事故处理大队的警察去现场,勘察现场情况,判断究竟是谁的责任。一旦发现有人员受伤,我们还会联系120紧急救护车。

3.家长介绍110报警服务台的繁重工作,强调不能随意拨打110。

家长:每天110报警服务台的接警员会接到很多报警电话,每个班组的接警员只有4名,也就是说,平均每天每位接警员在上班期间都会接到大量报警电话。(出示图片)接到报警电话后,还要安排派出所、刑警队、交警队、消防队等相关单位民警出警。也就是说,接警员每天要接听、拨打很多电话。110报警服务台的每名工作人员都是非常辛苦的,有时,外地人搞不清本地的地址,为了能及时帮助报警人,接警员会反复地和报警人沟通,弄清楚报警人所报位置;有时,报警人会因为受到坏人侵害而惊慌不已,拨通电话后只会哭泣,什么也不说,接警员会耐心地询问,安抚报警人的情绪,等待报警人平静后再问明情况。所以，接警员是十分辛苦的，在没有危险的情况下我们不能随意拨打110。

4.家长介绍自我保护知识。

家长：在这里，叔叔要告诉你们一些自我保护知识，你们可要仔细听哦。

第一，一个人在家时要关好门窗，如果有人敲门，要先从猫眼看清来客是谁，再决定是否开门，如果是陌生人就不能开门。

第二，和家人外出时要跟紧家人，一旦与家人走散，要向警察求助，或者拨打110报警。报警后，应站在原地不动，等待警察的到来，不要轻易跟着陌生人去找家人。

第三，外出参加集体活动时，必须听从指挥。我们也常常遇到幼儿园的小朋友外出春游、参观时，自己走散了的情况。

小朋友们，当你们在幼儿园安静、漂亮的教室里学习、玩耍时，是警察叔叔、阿姨顶着烈日或淋着暴雨巡逻在路面上，保卫着你们的安全；当你们夜间甜甜地进入梦乡时，是警察叔叔、阿姨静静地守在小区边，维护着一方平安；当你们哭着找妈妈时，警察叔叔、阿姨的出现会带给你们安全感。这就是人民警察，这就是110。

小朋友们，听了叔叔的介绍，你们觉得警察是一种什么样的职业？对于人民警察的辛苦工作我们是不是应该尊重啊？（请幼儿回答）你们都是聪明、能干、守规矩的好孩子，能来给你们介绍我的职业，叔叔感到非常高兴。五一劳动节就要到了，希望你们尊重身边每一位为社会、为市民辛苦工作的劳动者，因为劳动最光荣！

防灾减灾，从我做起
——防灾减灾日主题活动

❧ 设计意图

每年的5月12日是全国防灾减灾日。

在日常生活中，地震、火灾、洪水、暴雨、泥石流等突发性灾害总是不期而至，虽然灾难发生的几率小，但是我们应该居安思危，未雨绸缪，树立防灾、减灾意识。

受生活经验制约，幼儿还不能判断什么是灾难，灾难到来时该如何应对。所以，开展系列安全教育活动，引导幼儿学习、了解一些安全知识，提高他们的避灾自救能力，构筑生命安全防线格外重要。

❧ 主题活动目标

1. 知道5月12日是全国防灾减灾日，明白防灾减灾的重要性。
2. 进一步强化安全意识，掌握安全知识，提高自我保护和自救能力。
3. 乐意与教师、同伴一起参加防灾减灾活动，体验防灾减灾的意义。

❧ 主题活动准备

1. 教师设计主题活动方案，在主题墙饰中渗透防灾减灾的主题内容，在活动区域中投放操作材料。
2. 请家长给幼儿介绍有关地震、火灾等灾害性事件的新闻，和幼儿一起观看相关视频。

❧ 家园共育

1. 请家长给幼儿讲述危害安全的自然灾害、人为灾害事件，为幼儿准备相关图片、图书。
2. 请幼儿将反映灾害情况的图片或者图书带入幼儿园，鼓励孩子们分享。
3. 配合幼儿园防灾减灾日宣传延伸活动，请家长和幼儿一起记录"我的发现",并鼓励幼儿带入园与同伴交流讨论。

实施建议

1. 在活动实施前,布置好各班活动室环境,准备好区域活动材料。

2. 活动在防灾减灾日前开展,为期一周。

3. 在活动中,教师们就幼儿的表现、与幼儿的互动情况以及活动亮点等及时进行记录。

【防震减灾　从我做起】(各领域活动)

活动一:认识火

活动目标

1. 培养初步的自我保护意识。

2. 了解火灾发生的几种原因,懂得如何防范。

3. 初步掌握几种自救逃生的方法及技能,提高自我保护能力。

活动准备

火灾图片、毛巾、一些常见的防火安全标志图片。

活动过程

1. 教师以提问方式导入活动。

教师:你们在哪里看到过火？火有什么用处？

教师小结:火有很多的用处,能烧水做饭,能照明,能取暖。

2. 教师和幼儿一起观察火灾图片,引导幼儿说出火灾的危害。

教师:火也有坏处,它不仅会烧毁房子、烧伤人,还会烧毁森林、污染空气,让我们一起来看看吧!

3. 教师引导幼儿说出预防火灾和自救的方法。

教师:小朋友们,请你们想一想,如果我们的幼儿园或者家里着火了怎么办?

教师:如果着火了,我们要找消防员叔叔,可以拨打电话119,让消防员叔叔帮助我们。

教师小结:平时,我们要预防火灾,小朋友们不能随便玩火。夏天的时候,蚊香不能靠近容易着火的物品。小朋友们不能玩未熄灭的烟头,见了没熄灭的烟头应及时踩灭。如果着火了我们要找消防员叔叔,让他们帮助我们。在消防员叔叔到来之前,我们要用湿毛巾捂住鼻子和嘴巴,猫着腰从安全出口离开……

4. 教师出示防火安全标志图片,引导幼儿初步掌握几种自救逃生的方法与技能。

5. 消防演习活动。

在消防演习活动过程中,教师组织幼儿迅速按规定的疏散线路有序撤离,集中到安全地带,再清点人数。教师要确保幼儿在规定的时间内,快速、安全、有序地远离受灾地点,做到无遗漏、无丢失、无伤害。

活动二:不玩火

活动目标

1. 知道不恰当地使用火柴、打火机、厨房灶具等用品会有危险。

2. 不碰触易燃、易爆物品,不玩火。

3. 学会应对火灾,知道如何在火场逃生。

活动准备

1. 打火机、蜡烛、纸张等实验用品。

2. 湿毛巾、灭火器。

活动过程

1. 教师以猜谜语的形式引出活动,激发幼儿兴趣。

教师说出谜语让幼儿猜。谜语的谜面为:身上穿红袍,脾气真暴躁。惹起心头火,一跳八丈高。(谜底:火)

教师先让幼儿讨论火的用处。火可以做饭,可以取暖,可以放烟花,可以烤干衣服……

教师再引导幼儿讨论火的危害性。火会烧掉房屋、家具,会烧死人,还会烧掉森林……

2. 认识生活中的易燃物品和家中的主要火源。

(1)教师引导幼儿观察小实验"纸的燃烧",让幼儿了解哪些物品容易被引燃。

教师用打火机点燃蜡烛,把一张纸放在蜡烛的上方,让幼儿观察纸的燃烧过程。

(2)教师提出问题,引导幼儿展开讨论。

教师:在我们的生活中,哪些东西是火源?(打火机、火柴、鞭炮、蚊香等)哪些东西可以燃烧?(纸、棉花、衣服、煤炭、汽油等)

教师小结:我们的家中都有打火机、燃气灶等火源,还有抹布、纸张、塑料、木制品等易燃物品。火给我们的生活带来很多方便,但是如果不正确使用它,它也会生气,给我们带来伤害,所以小朋友不能玩火。

(3)教师出示严禁烟火、安全出口标志的图片,告诉幼儿它们的特殊含义,让幼儿懂得预防火灾。

教师:如果发生了火灾,我们应该怎么办?我们要如何逃离火灾现场?

教师小结:如果出现小火,我们可以用水扑灭、用湿布扑灭、用灭火器扑灭……如果出现大火,我们要拨打求救电话119,并迅速逃离现场。逃离时要用湿毛巾捂住嘴巴。发生火灾时不能坐电梯,要想办法逃离着火地点。

3. 消防逃生演练。

教师在教室里点燃废纸,让幼儿迅速用湿毛巾捂住嘴巴。教师手提灭火器灭火,并让幼儿迅速按逃生路线逃离现场。

活动三:防溺水

◆活动目标

1. 提高安全意识,学习与防溺水相关的安全知识。
2. 学习自防自救知识,提高自防自救能力。

◆活动准备

溺水案例,图片资料。

◆活动过程

1. 教师与幼儿一起以谈话形式进入活动。

教师:暑假快来了,你们觉得在炎热的夏天适合做什么运动呢?

教师:你们会游泳吗?你们喜欢游泳吗?

2. 教师出示图片,请幼儿观察讨论。

3. 教师讲述案例《水库摸鱼》,请幼儿说说听完的感受。

通过讲述案例引导幼儿了解在水库摸鱼的危险性,知道不可随意下水。

4.教师和幼儿一起就《深水玩耍》案例进行讨论。

教师:这几个小朋友违反了哪些安全规则?我们应如何遵守安全规则?

5.教师向幼儿讲述防溺水的知识要点。

教师提醒幼儿不到池塘、无盖的水井边戏水,不独自或结伴到池塘边钓鱼、游泳、玩水。

教师小结:你们还小,发现有朋友不慎掉进河里、池塘、水井等,不能贸然下水营救,而应大声呼唤成年人救助。

6.活动结束。

教师小结:人的生命只有一次,幸福和快乐都掌握在自己手里,通过这节课的学习,小朋友们要懂得珍惜生命,增强防溺水意识。

活动延伸

请家长在周末,用看书、看视频等方式让幼儿深入了解防溺水知识。

活动四:了解森林防火

活动目标

1.知道森林防火的基本知识,增强环保意识,从小懂得保护环境,热爱自然。

2.能围绕故事情节,用较清楚的语言表达自己的想法。

3.愿意为保护环境做一些力所能及的事情。

4.积极参加游戏活动,并学会自我保护。

活动准备

大森林与城市的图片、桌面教具一套、《森林的作用》视频、故事音频、《森林防火知识宣传》图书。

活动过程

1.教师启发幼儿谈话,激发幼儿环保意识,让他们知道要保护环境、热爱自然。

教师:森林防火指对森林、林木和林地火灾的预防和扑救,每年的3月15日到6月15日为春季森林防火期,9月15日到11月15日为秋季森林防火期,森林防火期内禁止在林区野外用火。

2.教师播放有关环境保护的视频《森林的作用》,让幼儿了解森林防火知识。

(1)森林是人类的资源宝库。森林除了可以为人类提供大量木材,还能生产松香、栲胶、橡胶等具有很大经济价值的产品。森林中还有大量的奇花异草和珍禽异兽。

(2)森林是土壤的绿色保护伞。茂密的枝叶能够截留降雨,减弱水流对土壤的冲刷;林下的草本植物和枯枝落叶层,如同一层松软的海绵覆盖在土壤表面,既能吸水,又能固定土壤;树木庞大的根系纵横交错,对土壤有很强的黏附作用。另外,森林还能抵御风暴对土壤的侵蚀。

(3)森林是庞大的氧气制造厂。所有生物(包括人)的生活都离不开氧气。生物的呼吸作用不断地消耗大气中的氧气,释放二氧化碳。植物通过光合作用,吸收大气中的二氧化碳,释放大量的氧气,使得大气中氧气和二氧化碳的含量保持平衡,人们不会受到缺氧的威胁。

(4)森林是巨型蓄水库。降雨落到林地土壤里,会被蓄积起来,就像水库蓄水一样。雨过天晴,大量的水分蒸发到大气中,使林区空气湿润,降水增加。森林对于减轻旱涝灾害有非常重要的作用。

(5)森林是良好的吸尘器。携带各种粉尘的气流遇到森林,流动速度会降低,一部分尘粒会降落到地面,另一部分会被树叶上的绒毛、黏液和油脂等粘住。

(6)森林是绿色的隔音墙。噪声是一种物理污染,严重危害人们的身心健康。枝叶茂密的树冠和表面粗糙的树干,对噪声有很强的吸收和消减作用。

(7)森林是自然界的保健医生。每一片树叶都是一个滤毒器。在光合作用下,叶面上的气孔敞开,空气中的有毒物质随着空气进入叶组织,储存在植物内。而光合作用释放出来的气体则是纯净无毒的。

3. 教师出示城市图片并给幼儿讲故事。

教师:有一只小猴子,从森林来到大城市,小猴子非常开心,为什么呢?

(1)教师讲述部分故事并提出问题,启发幼儿讨论。

教师:小猴子为什么会得这种病?医生说最好的药是什么?

(2)教师继续讲述,并提出问题。

教师:小猴子想了什么办法让城市里的人也呼吸到森林里的空气?生病的那些人想怎样让城市的空气变新鲜?

4.教师带领幼儿完整听一遍故事音频。

教师：城里的人到底是怎样让空气变新鲜的呢？让我们一起完整听一遍故事。

5.教师指导幼儿看《森林防火知识宣传》图书。

活动五：了解地球

❧ 活动目标

1.认识和热爱地球家园，树立爱护地球环境的意识。

2.在掌握有关地球表面知识的基础上，尝试用添画的方式表现地球的面貌，合理地运用鲜明的对比色彩进行渲染，注意颜色搭配要协调、饱满。

3.能用辅助材料丰富作品，培养创新能力。

❧ 活动重点和难点

1.重点：在学习有关地球表面知识的基础上，尝试用添画的方式表现地球的面貌。

2.难点：合理运用鲜明的对比色彩，颜色搭配要协调、饱满。

❧ 活动准备

视频作品《地球是我家》、美术作品《韦雷德里克斯的牧场》、彩色卡纸、油画棒、黑色水彩笔、教师画的《我们的地球》等。

❧ 活动过程

1.开始部分。

(1)教师：我们住在地球上，你们了解地球吗？

(2)教师组织幼儿观看视频，让他们感受地球的形状和不同地域的环境特点。

教师播放教学视频《地球是我家》，引导幼儿欣赏地球，了解地球上的生物等。

教师：地球上都有些什么？不同的地方有什么特点？

(3)教师启发幼儿观察地球的颜色及地球上不同地域颜色的差别。

(4)教师引导幼儿欣赏美术作品《韦雷德里克斯的牧场》，感受作品中不规则的分割线和丰富的色彩。

教师:你们在画中看到了什么?画中的线条有什么特点?为什么画家要用这些颜色?这些色块代表着什么?丰富的色彩给你们怎样的感受?

2. 基本部分。

(1)教师出示自己画的《我们的地球》,引导幼儿欣赏作品,感受画作独特的形式语言和表现方式,引导幼儿说说作品是怎样表现地球的。

教师:画中用了哪些颜色?这些颜色代表了什么含义?

(2)教师出示彩色卡纸,用提问的方式启发幼儿思考。

教师:你们想表现一个怎样的地球,为什么?

(3)教师引导幼儿先在画纸上画一个大小适当的圆形,然后再添画表现地球的面貌。

(4)幼儿创作,教师巡回指导。教师要引导幼儿围绕地球的外形用黑色水彩笔添画相关事物,启发幼儿用合适的颜色表现地球。

3. 结束部分。

教师引导幼儿对比欣赏其他幼儿的作品,让他们说说自己最喜欢哪一幅作品,并说明原因。

活动六:地震来了

❀ 活动目标

1. 地震发生时有序地通过安全疏散通道。
2. 遇到地震时能听从教师的指挥做出基本的自救行为。
3. 增强防震减灾安全意识,提高自我保护能力。

❀ 活动准备

1. 幼儿、家长和教师共同收集有关地震的资料。
2. 了解地震发生时的自救常识。

❀ 活动过程

1. 教师带领幼儿观看地震图片,让他们感受地震给人类带来的灾难。

(1)教师结合地震图片讲述地震到来时的情况。

教师小结:发生大地震时,建筑物会遭到破坏,如房屋倒塌、桥梁断裂,地震会给我们的生命和财产带来严重损害,地震还可能引发火灾、水灾、瘟疫。

(2)教师引导幼儿说说看完地震图片的感受。

2. 教师告诉幼儿在发生地震时如何保护自己。

教师与幼儿讨论地震发生时如何保护自己。

教师:地震到来时,我们应该怎样保护自己呢?怎样做才是安全的呢?

教师小结:如果是在室内,可以躲在墙角、卫生间等建筑结构呈三角支撑的地方,也可以躲在结实坚固的家具底下或旁边,用坐垫、枕头等柔软物品保护头部。正确的避震姿势为蹲下、低头、闭眼,还要用湿毛巾捂住嘴、鼻以防吸入灰尘和毒气。千万不要跑到阳台或窗户旁边,要远离玻璃门窗或悬挂物。如果是在室外,应该尽快跑到开阔的地方。要远离楼房、围墙、树木、广告牌等,不要躲到地下通道中或高架桥下面,不要坐在汽车里,要到空旷的广场避难。千万不能跳楼或者进电梯。如果被埋,不要惊慌,要想办法保护自己,可以设法敲击能发出声响的物体,发出求救信号。

3. 教师引导幼儿学习安全有序地撤离。

(1)学习正确的撤离动作。

教师:撤离的时候如何在移动过程中保护自己?正确的做法是双手抱头、上身向前弯曲快速撤离。

(2)教师提醒幼儿要提前弄清楚撤离的路线。

(3)教师启发幼儿讲述撤离方法和注意事项,如按顺序不拥挤,听教师的指挥等。

4. 教师组织幼儿进行防震演习。

如果幼儿在撤离时出现拥挤、用时过长等情况,教师要带领幼儿查找原因,再次演习时要重点关注。

【5·12防灾演练活动】

✿活动目标

1. 地震发生时能有序地通过安全疏散通道。

2. 遇到地震时能听从教师或其他成人的指挥,做出基本的自救行为。

3. 增强防震减灾的安全意识,提高自我保护能力。

✿活动准备

1. 视频和图片资料。

2.让幼儿提前了解地震中自救的常识。

活动过程

1.教师引导幼儿了解地震给人类带来的灾难。

(1)教师和幼儿一起讨论地震发生时的情况。

教师先让幼儿看视频。

教师:小朋友们,你们看到了什么?(教师选几名幼儿说自己的发现和感受)

教师再次让幼儿看一遍视频。

教师:遇到地震时我们不要慌,要听从老师的指挥有序地撤离。地震来了我们还可以怎么做?(教师引导幼儿展开讨论)

(2)教师和幼儿一起观看人们安全撤离的图片。

2.教师带领幼儿一起学习安全有效的撤离方法。

(1)教师引导幼儿讨论正确的撤离动作。

教师:我们撤离的时候如何在移动的过程中保护自己?(双手抱头,上身向前弯曲快速撤离)

(2)教师出示班级撤离路线图。

教师带领幼儿观察并找到在紧急情况下撤离的路线。

教师:为什么撤离时要走图中标注的路线?

教师引导幼儿了解图中标注的撤离路线是离户外安全地带最近的一条通道。

(3)教师启发幼儿讲述撤离方法和注意事项,如按顺序不拥挤,听教师的指挥等。

(4)教师组织幼儿进行"实战演习"。

附:幼儿园安全演练方案

为进一步加强公共安全教育,培养幼儿的公共安全意识,提高全体师生在公共突发事件中自救自护的能力,我们结合幼儿的年龄特点和本园园舍和设施情况,拟开展疏散演练及消防演练,旨在全面推动全校安全教育活动深入开展。

一、演练的时间、对象

时间:××××年××月××日

对象:全园教职工与幼儿

二、演练领导小组及应急小组成员

1.现场指挥:×××

2.班级组织指挥:各班老师

3.摄影:×××

三、准备工作

师生事先熟悉园内通道,了解下楼梯的方法、顺序、路线。

四、疏散集中地:操场

五、幼儿逃生路线

总的疏散原则是一楼为先、二楼在后,靠近楼梯班级在后、远离楼梯班级在先。听见演练警报后,正在上课的教师应立即停止教学活动,与配班教师一起,把幼儿分成两组,由班主任、配班教师各带一组,要求幼儿不得携带任何个人物品,从教室门口抓紧时间撤离至指定位置。班主任断后,确保不丢下任何一名幼儿。

六、演练过程

1.警报响起。

2.各班教师组织幼儿迅速撤离活动室,沿安全逃生路线疏散。

(1)每个幼儿都用湿毛巾、纸巾或衣角捂住口鼻,排成1排或2排,沿墙角微曲身体有秩序地撤离。

(2)教师引导幼儿逃生时,告诉幼儿不抢道、不惊慌。

(3)教师要组织幼儿有序撤离,不能漏下任何一名幼儿。

3.集中到指定位置后,教师清点人数,让幼儿排好队。

4.演练结束后,各班教师组织幼儿有序地回到教室。

七、演练前的安全教育

(一)纪律教育

教师要教育幼儿严格遵守活动规则,在活动过程中,绝不允许以个人的喜好随意乱跑,自己选择路线;严禁说话、嬉戏、打闹,严禁奔跑抢先,特别是在下楼梯时严禁动手推搡。

(二)安全注意事项

1.从活动室疏散出来时,幼儿要按照既定路线迅速、有序地下楼。

2.下楼时幼儿要保持安静。

3.下楼时,幼儿应尽可能扶着栏杆或墙壁。

4.任何人不得故意乱挤、超前等,特别是在下楼过程中绝不允许相互推挤。

八、对易发事故的估计和应急措施

要防止在下楼过程中,因为拥挤、推搡而发生踩踏事故。如果有踩踏事故发生,可以采取的措施有如下两项:

第一,组织疏散的楼层教师立即向幼儿喊话,并阻止幼儿继续向事发地点涌进。

第二,组织人员对被踩伤、挤伤的幼儿进行紧急施救,第一时间通知保健医生进行处理,如果保健医生无法处理,要及时送往医院检查治疗。

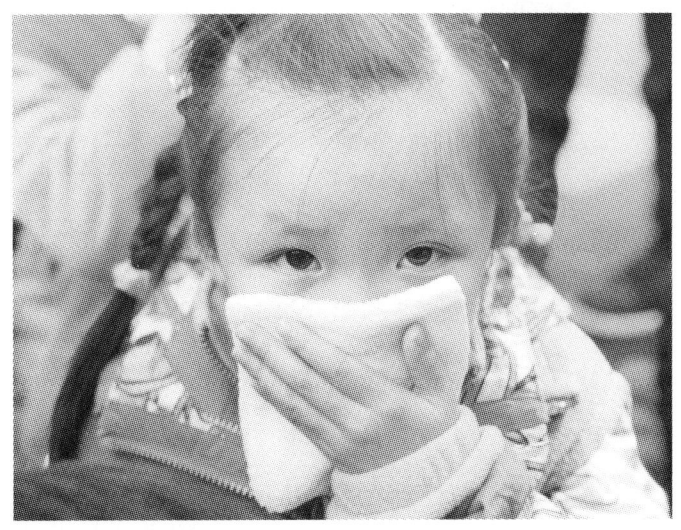

亲亲我的好妈妈
——母亲节主题活动

❧ 设计意图

5月的第二个星期天,是母亲节。我们每一个人都是在母亲纯洁而无私的爱的呵护下长大的。在成长的道路上,母亲的付出实在是太多太多……但在很多家庭中,因为父母对幼儿过分宠爱、娇纵,所以很多幼儿对母亲的爱视而不见,认为是理所当然的,更谈不上关心母亲、感恩母亲了,这对幼儿健全人格的发展极为不利。

《幼儿园教育指导纲要(试行)》要求"幼儿园应与家庭、社区密切合作,与小学相互衔接,综合利用各种教育资源,共同为幼儿的发展创造良好的条件",要"善于发现幼儿感兴趣的事物、游戏和偶发事件中所隐含的教育价值,把握时机,积极引导"。因此,我们设计了以"感恩的心"为主题的活动,希望通过活动让幼儿理解妈妈的辛劳,体会妈妈的爱,懂得知恩图报,成为善良的、懂得感恩的人。

❧ 主题活动目标

1. 丰富成长经历,促进身心和谐发展,进一步了解妈妈,体验与妈妈之间的亲情,从而激发爱妈妈的情感,增进热爱父母、长辈的情感,感受集体活动的愉悦。

2. 了解母亲节的由来,了解妈妈的工作和妈妈的喜好,体谅她们的辛苦。

3. 通过情感体验、讲述、唱歌、绘画、动手操作等一系列活动,发展观察能力、思维能力、口头表达能力、动手操作能力。

❧ 主题活动准备

1. 教师设计主题活动方案,在主题墙饰中渗透母亲节主题活动内容,在活

动区域中投放供幼儿操作和活动的材料。

2. 请家长给孩子讲有关妈妈照顾孩子、爱孩子的故事和新闻。

家园共育

1. 请妈妈给幼儿讲讲在抚养孩子过程中发生的小故事,搜集相关照片、视频等。家长让幼儿带一张照片到幼儿园。

2. 配合幼儿园庆祝母亲节延伸活动,和幼儿一起拍摄《我的好妈妈》视频,并鼓励幼儿带到幼儿园与大家分享。

【我的好妈妈】(各领域活动)

活动一:《我妈妈》绘本欣赏

活动目标

1. 理解绘本中妈妈变化的形象在实际生活中的意义,并能够大胆表达。

2. 感悟真挚、深切的亲子情,夸夸自己的妈妈。

活动准备

1.《我妈妈》电子图书,幼儿人手一本《我妈妈》绘本。

2. 背景音乐。

活动过程

1. 教师出示《我妈妈》绘本,引导幼儿观察封面上的人物和书名,激发幼儿阅读的兴趣。

2. 教师让幼儿自由阅读绘本。

教师:你们想不想知道书中介绍的究竟是一个什么样的妈妈呢?大家赶快看一看吧。

3. 教师引导幼儿说说自己对《我妈妈》绘本的理解。

重点讨论内容如下:

"特技演员":为什么说"我妈妈"又变成了一个杂耍特技演员?她和真正的杂耍特技演员有什么不一样?她在玩什么?(小包暗示"我妈妈"很会理财;抱抱熊玩具暗示"我妈妈"是我的好玩伴;房子暗示"我妈妈"总是把家里打理得井井有条;汽车暗示"我妈妈"是个驾驶的好手;茶壶和香橙暗示"我妈妈"很会照顾家人的饮食……)你们觉得"我妈妈"怎么样?

"最强壮的女人":为什么说"我妈妈"是一个大力士?"我妈妈"为什么要提着这么多的东西?(因为她把家里人需要用的、吃的都带回了家)你们觉得"我妈妈"怎么样?(真的太棒、太能干了!)

"好心的仙子":"我妈妈"变成了什么?她为什么会变成一个仙子呢?

"大狮子":"我妈妈"为什么会变成一只狮子?(她生气了,发脾气了)她为什么会发脾气呢?(我做错事,惹她生气了)"我妈妈"变成了狮子,我还会喜欢她吗?

"沙发妈妈":"我妈妈"怎么会变成一个沙发呢?坐在沙发上是什么感觉?为什么"我妈妈"像沙发一样?(妈妈的怀抱温暖舒适)

"猫咪妈妈":"我妈妈"怎么会变成一只小猫咪呢?小猫咪是什么样的?(走路轻轻地,很温柔、很可爱)为什么"我妈妈"像小猫咪一样?(她走路也总是轻轻地,很温柔)

"犀牛妈妈":"我妈妈"怎么会变成一只犀牛呢?犀牛是什么样的?(很厉害,很强悍)为什么"我妈妈"像犀牛一样?(她有时候很严肃、很厉害)你们觉得"我妈妈"怎么样?(真的很棒!)

"我的出现":这是谁的手?"我"和"我妈妈"在干什么呀?"我"会对"我妈妈"说什么?"我妈妈"又会对"我"说什么?

4. 教师带领幼儿找爱心。

教师:我们来玩一个找爱心的游戏,看看谁观察得最仔细。

教师请幼儿再次打开《我妈妈》绘本看一看,找一找,并请幼儿说说自己的发现。幼儿提到哪一页有爱心,教师就把视频画面定格在那一页让大家都看到。

教师:为什么书里会有这么多的爱心呢?("我"爱"我妈妈","我妈妈"爱"我"……)

5. 教师和幼儿一起完整欣赏绘本。

教师:你们想不想听一听"我"是怎么介绍"我妈妈"的?

教师一边用PPT展示绘本的内页,一边用"我"的口吻完整讲述故事。

6. 教师引导幼儿说说自己的妈妈。

教师:这就是这个小朋友的妈妈,你的妈妈又是怎样的呢?谁来介绍一下自己的妈妈？你们爱自己的妈妈吗？

7.教师让幼儿画画自己的妈妈。

教师：我为你们准备了画纸，请你们把自己的妈妈画下来吧。

活动二：《游子吟》赏析

活动目标

1. 通过观察画面，听故事，结合自己的感受理解诗歌内容。

2. 感受妈妈的爱，乐意大胆地表达自己的想法。

3. 激发感激妈妈养育之恩的情感。

4. 能细致地观察画面，并能大胆地表述自己对故事的理解。

活动准备

1. 写有"妈妈"两个字的识字卡片。

2. 根据古诗《游子吟》创作的故事和诗朗诵课件。

3. 提前录制的妈妈们的话的视频。

4. 背景音乐《感恩的心》。

活动过程

1. 教师出示识字卡片引出话题，鼓励幼儿介绍自己的妈妈。

教师：谁来说说自己的妈妈是什么样子的？做什么最棒？

教师小结：你们都有一个漂亮、能干的妈妈，今天我也要给你们介绍一位慈爱的妈妈。

2. 教师通过让幼儿观看根据古诗《游子吟》创作的故事视频，引导幼儿欣赏并理解古诗内容。

(1)教师让幼儿听一遍古诗朗诵。

教师：你们听到了什么？

(2)教师让幼儿再听一遍古诗朗诵，加深他们对古诗的印象。

教师：这次你们又听到了什么？有什么新发现？

(3)教师引导幼儿在理解关键字的基础上理解古诗内容，并有感情地朗诵古诗。

教师小结：慈祥的母亲手中拿着线，给即将远行的孩子缝制新衣服。临行

前,她忙着把衣服缝得结结实实的,担心孩子很久以后才能回来。谁能说孩子那像小草一样微小的孝心,不能报答像春天的阳光般伟大的母爱呢?

(4)教师进一步说明古诗的创作背景、诗人的情感以及古诗的内容。

3.教师播放妈妈们的话视频,让幼儿感受母爱。

教师:小朋友们,你们的妈妈也很爱你们,有很多话想对你们说,我们一起来听听吧!

4.教师引导幼儿大胆表达自己对妈妈的爱,懂得感激妈妈的养育之恩。

教师:妈妈很爱你们,你们有什么话想对妈妈说吗?我们把自己想说的话录下来给妈妈听好吗?

活动三:《我的好妈妈》音乐赏析

❤活动目标

1. 学唱歌曲,掌握附点音符的演唱方法。
2. 能很自然地演唱歌曲,能跟随音乐节奏进行表演。
3. 乐意参加音乐活动,体验音乐活动的快乐。

❤活动准备

1. 布置家的简单情境:茶杯、板凳、妈妈的手提包等;音频资料《我的好妈妈》和歌曲曲谱。
2. 让幼儿提前获得为妈妈倒水、给妈妈捶背的经验。

❤活动过程

1. 教师引导幼儿结合生活经验说一说妈妈回家后的表情、动作,鼓励幼儿说说妈妈下班后劳累的神态。

教师小结:我们都有一个好妈妈。

2. 教师带领幼儿学唱歌曲,引导幼儿理解歌曲内容。

(1)教师引导幼儿欣赏歌曲,初步理解歌曲内容。

教师:歌曲中的妈妈回家后,宝宝做了哪些事?

(2)教师出示歌曲曲谱,引导幼儿按照曲谱念歌词,着重练习"|妈妈妈妈|快坐下|"节奏。

(3)教师结合曲谱清唱一遍歌曲,让幼儿认真听。

(4)教师大声演唱,让幼儿小声跟唱,最好是反复多唱几遍。在幼儿熟悉歌曲后请幼儿尝试唱唱自己最喜欢的几句歌词。

3.教师让幼儿通过集体唱、分组唱、表演唱等方式,进一步熟悉歌曲。

活动四:我爱妈妈

◆ **活动目标**

1.在绘画过程中,能够从五官、发型、服装等方面表现妈妈的特征。

2.以唱歌和绘画的艺术形式表现对妈妈的爱,愿意主动向妈妈表达自己的情感。

◆ **活动准备**

1.记号笔、油画棒。

2.幼儿提前学会唱歌曲《我的好妈妈》。

◆ **活动过程**

1.教师让幼儿演唱歌曲《我的好妈妈》,进入活动。

教师:你们爱妈妈吗?我们一起唱一首歌送给妈妈吧!

2.教师引导幼儿从五官、发型、服装等方面的特征描述自己的妈妈。

教师:谁愿意来介绍一下自己的妈妈?你们的妈妈有什么特别的地方?

教师:你妈妈的发型是什么样子的?是长头发,还是短头发?是卷发,还是直发?她的眼睛大不大?她戴不戴眼镜?她的个子高不高?她还有什么特别的地方?你妈妈最喜欢做什么事情呢?

3.教师让幼儿画妈妈,鼓励幼儿抓住妈妈的特征画。

教师:你们都记得妈妈的样子吧?她有哪些与别人不一样的地方?请你试着画出来。你画的妈妈正在做什么事情呢?画好以后涂上漂亮的颜色哦!

4.教师展示幼儿作品,鼓励幼儿回家后将自己的作品送给妈妈,并为妈妈唱一首歌。

活动五:我和妈妈心连心

◆ **活动目标**

1.初步了解胎儿成长过程的一系列科学知识。

2.激发科学探索的热情。

3. 了解妈妈养育自己的辛劳,感受妈妈对自己的爱,懂得关心爱护妈妈。

活动准备

1. 有关胎儿发育的图片。

2. 教师们提前准备好情境表演《小姨为什么变胖了》。

活动过程

1. 教师请幼儿观看情境表演《小姨为什么变胖了》(上部分)。

教师:格格的小姨有什么变化?

2. 教师请幼儿继续观看情境表演《小姨为什么变胖了》(中部分)。

教师:格格的小姨为什么变胖了?你见过肚子里有宝宝的阿姨吗?宝宝在妈妈的肚子里是怎样吃东西的?

3. 教师请幼儿继续观看情境表演《小姨为什么变胖了》(下部分)。

4. 教师出示胎儿发育的图片,让幼儿了解胎儿的发育过程。

教师:你知道自己是怎么来的吗?是怎么在妈妈肚子里长大的?

5. 教师请幼儿带上"大肚子"(皮球)道具,感受妈妈怀孕时的不便与辛苦。

教师:肚子里有宝宝时妈妈会怎样做?

【亲亲我的好妈妈】(家园亲子活动)

活动目标

1. 进一步体验与妈妈之间浓浓的亲情,激发爱妈妈的情感。

2. 感受妈妈养育自己的辛劳。

3. 通过参加活动,提高观察能力、表现能力、逻辑思维能力、口语表达能力、动手操作能力。

活动准备

1. 主题活动录像。

2. 一定数量的各种水果、装水果的盘子、牙签。

3. 幼儿制作的贺卡。

4. 音频资料《感恩的心》《我的好妈妈》等。

5. 邀请幼儿妈妈来园参加活动。

活动过程

1. 教师以谈话形式导入活动。

教师：过两天就是母亲节了，是妈妈的节日。妈妈是我们最爱的人，为我们的成长付出了很多心血。今天我们把你们的妈妈请到了幼儿园，为她们庆祝节日。

2. 教师引导幼儿说说如何关心自己的妈妈。

教师：当辛苦了一天的妈妈下班回到家，我们应该做些什么呢？

3. 教师引导幼儿尝试做一天妈妈。

(1)教师先让幼儿观看主题活动录像，然后让幼儿体验做妈妈。

教师：我们一天天长大，变得越来越懂事，这是妈妈最高兴的事。

(2)教师引导幼儿谈谈做妈妈的感受。

教师：我们小朋友也做了一次妈妈，感觉怎么样呢？

(3)教师鼓励幼儿讲述有关妈妈的一件事。

(4)教师让幼儿为妈妈表演歌舞《感恩的心》。

教师：妈妈是守护我们的天使，她们用爱呵护我们。小朋友们要把妈妈的爱永远记在心里，珍惜妈妈的爱。

4. 教师引导幼儿表达对妈妈的爱。

(1)教师请全体幼儿齐声祝福妈妈。

教师：让我们一起祝福妈妈吧。

幼儿：谢谢您，我的好妈妈。祝您节日快乐，我永远爱您。

(2)教师鼓励幼儿和妈妈说悄悄话。

教师鼓励幼儿表达爱妈妈的情感。

(3)教师带领幼儿制作水果拼盘，并请幼儿将自己做的水果拼盘送给妈妈，喂妈妈吃。

教师请幼儿把自己制作的贺卡送给妈妈。

童心飞扬,快乐成长
——儿童节主题活动

❀ **设计思路**

　　儿童是祖国的花朵,为儿童创造良好的家庭、社会和学习环境,让他们健康、快乐、幸福成长,一直是我们努力的目标,一年一度的国际儿童节就是专门为儿童设立的节日。

　　本应是所有孩子的节日,但很多幼儿园只是为一部分孩子提供能力展示的机会,其他孩子都是观众,这种现象非常普遍。如何让所有孩子都快快乐乐地度过难忘而有意义的儿童节,是我们每一个教师都要思考的问题。

　　其实,让孩子们快乐很简单,那就是把儿童节还给他们,让他们做节日的主人。我们首先要倾听孩子们内心深处的声音——他们想如何过儿童节。我们发现,40%的孩子愿意放弃玩耍、放弃礼物,只想父母陪陪自己,30%的孩子想和小朋友一起疯玩,10%的孩子想让父母买礼物,20%的孩子想让父母带自己去买好吃的。于是,以儿童为视角的儿童节主题活动便谋划出来了。

❀ **主题活动目标**

　　1.知道儿童节的来历和习俗,懂得幸福的生活得来不易。
　　2.通过参与不同类型的亲子游戏,感受家长陪伴的温暖、美好和幸福。

❀ **主题活动准备**

　　1.教师设计主题活动方案,在主题墙饰中渗透儿童节主题活动内容,在活动区域中投放供幼儿操作和活动的材料。
　　2.请家长给幼儿讲儿童节的来历和习俗,提前了解幼儿的需求,给他们准备礼物。

❀ **家园共育**

　　1.请家长给幼儿讲讲儿童节的来历和习俗,了解幼儿想怎样过节,并满足

他们合理的要求。

2. 配合幼儿园的安排,抽出时间参加幼儿园举办的庆祝活动。

3. 和幼儿聊一聊过节的感受,多陪伴他们,增进亲子感情。

【快乐的六一】(各领域活动)

活动一:六一到

活动目标

1. 学习儿歌,知道六一国际儿童节是全世界所有小朋友共同的节日。

2. 能发音准确、有感情地朗诵儿歌。

3. 能够愉快地和同伴一起庆祝自己的节日。

活动准备

《六一到》音频资料。

活动过程

1. 欣赏儿歌《六一到》。

教师:今天,老师给你们带来了一首儿歌《六一到》,大家仔细听,听听儿歌里的小朋友是怎样过六一儿童节的。

教师告诉幼儿儿歌名称,和幼儿一起了解儿歌的主要内容。

教师再次让幼儿欣赏儿歌《六一到》,可以让幼儿试试跟着哼唱。

教师:六一儿童节到了,小朋友都做了哪些事情?请使用儿歌里的词语说一说。

2. 学习儿歌《六一到》。

(1)教师分句教唱,注意提醒幼儿吐字清楚、发音正确。

(2)教师请个别幼儿朗诵歌词,适当给予提示。

(3)教师让幼儿集体朗诵儿歌,提醒他们要有感情地朗诵。

活动二:快乐的儿童节

活动目标

1. 乐意和同伴或家人一起过节,充分感受节日的快乐。

2. 知道六一儿童节是自己的节日,是全世界小朋友共同的节日。

3. 通过比较,知道世界上还有许多小朋友生活条件艰苦,愿意献出爱心,帮助生活条件艰苦的小朋友。

活动准备

1. 活动前教师与幼儿一起装饰活动室。

2. 幼儿欢庆六一节的录像。

活动过程

1. 教师引导幼儿观察班内环境和园内环境的变化,进入活动。

教师:今天是什么节日?(或什么节日快到了?)我们可以怎样庆祝自己的节日?

教师小结:六一国际儿童节是全世界小朋友共同的节日。每到这一天,全世界小朋友都会高兴地庆祝自己的节日。小朋友们在这一天会收到很多礼物,很多爸爸、妈妈会带小朋友到好玩的地方去玩。今天,我们自己也排练了一些好看的节目来庆祝节日。

2. 教师播放幼儿欢庆六一节的录像,让幼儿感受节日的快乐。(视频中既有中国小朋友过节的情景,也有外国小朋友过节的情景,还有福利院或贫困山区小朋友过节的情景)

教师:外国的小朋友是怎样欢庆六一节的?贫困山区的小朋友又是怎样庆祝的?看到贫困山区小朋友过节的情景你有什么想法?你准备怎样帮助他们?

教师小结:六一儿童节是一个欢乐的节日,我们可以收到很多礼物,但是还有很多幼儿需要我们的帮助。如果大家都献出一点爱,他们就可以和我们一样过一个快乐的六一儿童节啦!

3. 师幼共同开展献爱心活动。

教师:让我们把准备好的礼物寄给贫困山区的小朋友吧,让他们也感受到节日的快乐和幸福。

活动三:《庆祝六一》音乐活动

活动目标

1. 能理解歌词内容,熟悉歌词和歌曲旋律。

2. 能熟练地唱出整首歌曲,并能在集体面前演唱。

活动准备

钢琴。

活动过程

1. 教师以谈话形式导入活动。

教师:小朋友们,你们知道再过几天是什么日子吗?是谁的节日呀?你们高兴吗?打算怎么庆祝自己的节日呢?

教师小结:六一儿童节是小朋友们的节日,有的小朋友说会和好朋友一起庆祝节日。

教师:有一首歌曲唱的就是小朋友们庆祝六一节,名字叫《庆祝六一》。你们先听老师唱一遍。

教师示范演唱一遍歌曲。

教师:歌曲的名字叫什么?歌曲里唱了什么?

2. 教师组织幼儿学唱歌曲。

教师第二次示范演唱,通过提问的方式引导幼儿理解歌词。

教师:歌曲中的小朋友在做什么?他们是怎样庆祝六一儿童节的?歌曲中的小朋友在哪里?他们在干什么?

教师第三次示范演唱歌曲。

教师引导孩子齐声念几遍歌词。

教师带领幼儿学唱歌曲,对幼儿学唱过程中遇到的困难,进行重点讲解。

教师:现在请你们当小喇叭,老师当大喇叭,你们小声跟着老师唱。

教师让幼儿边拍手边有感情地演唱歌曲。

3. 教师引导幼儿感受歌曲旋律的美。

教师引导幼儿感受歌曲活泼、欢快的曲调,熟悉歌词。

教师引导幼儿重点感受两段歌曲的不同旋律,让他们熟悉并掌握曲调中的附点音符及休止符的唱法。

教师出示歌曲曲谱,用身体动作表示节奏,引导幼儿看曲谱上标好的乐器样图,让他们理解图谱上各种符号的意义。

4. 结束部分。

教师点评幼儿的表现,以鼓励为主。

活动四：制作六一大海报

活动目标

1. 知道6月1日是国际儿童节，是小朋友们自己的节日。

2. 在制作大海报的过程中，能大胆地表达自己的想法并能听取他人的意见。

活动准备

剪刀、胶水、画笔等。

活动过程

1. 教师带领幼儿听儿歌《六一到》，在愉快的气氛中进入活动。

教师拿出与儿童节相关的图书，引导幼儿看书。

教师：小朋友们看一看，书上画的是什么呀？书中的小朋友们在干什么？

教师引导幼儿讨论。

教师：他们是在庆祝什么节日？

幼儿：六一儿童节。

教师：他们在庆祝六一儿童节的时候，嘴里还唱着儿歌呢！我们一起来听听。

教师有感情地念歌词：六一到，六一到，幼儿园里真热闹。办个六一庆祝会，鲜花水果摆上了，再来做张大海报。你唱歌来我跳舞，今年节目真不少！

教师：儿歌里提到的是什么节日？是谁的节日？你会怎么度过这一天呢？

教师小结：儿歌里说六一儿童节是小朋友们的节日，他们在这一天办了庆祝会，在桌子上摆满了鲜花、水果，既唱歌又跳舞，并且做了张大海报。

2. 教师引导幼儿理解什么是海报。

教师：儿歌里提到了制作海报，你们知道什么是海报吗？为什么要制作海报呢？海报应该怎么做？

幼儿自由回答。

教师小结：海报是用来宣传和展示活动主要内容的大幅画面，人们看到海报就能够大概了解活动的内容。我们可以用画、印、涂等方法制作海报。

3. 教师引导幼儿构思制作海报。

教师:快要到六一儿童节了,我们也来制作一张庆祝六一儿童节的海报吧。我们可以在海报上设计些什么呢?

幼儿分组讨论。教师认真听取幼儿的意见,并请部分幼儿说出自己的想法。

教师应尽量采纳幼儿的意见,并提出合理建议。教师鼓励幼儿制作海报,感受创作的快乐。

4. 在海报制作完成后,教师组织幼儿欣赏海报,让幼儿获得成功的体验。

【六一我们在一起】(亲子游园活动)

❥ 活动目标

1. 丰富节日生活,增进亲子感情。
2. 度过一个温馨、难忘的儿童节。

❥ 活动准备

1. 各班准备好木棒、球、豆子、呼啦圈、哨子、红布等游戏材料。
2. 提前划分游戏区,规划好游戏内容,并制作规则说明牌。
3. 《游戏攻略》若干份。

❥ 活动过程

1. 教师播放与六一节有关的欢快歌曲,让幼儿感受六一节的愉快氛围。
2. 家长和幼儿在操场集合,跟着音乐跳亲子操。
3. 教师向家长介绍六一游园活动的内容、规则。
4. 游园活动开始。

家长带着《游园攻略》有序地进入各个游戏区。

游戏一:快乐一家人。

玩法:在起点,爸爸和妈妈双手交叉做成一个"板凳",让幼儿坐在上面。爸爸、妈妈在中转处把孩子放下。此时,孩子投球,爸爸和妈妈拿着桶在规定位置接球。投中1个球后,爸爸和妈妈共同拿起提前准备好的长木棒。幼儿双手抓住木棒,爸爸和妈妈举高木棒,带着幼儿返回。最先返回到起点的家庭获胜。

游戏二:我喂妈妈(爸爸)吃豆子。

玩法:听到"开始"口令后,幼儿拿筷子从盘子里夹起豆子喂妈妈(爸爸)。游戏时间为5分钟,吃到豆子数量最多的家庭获胜。

游戏三:全家乐翻天。

玩法:参赛的家庭进场后,找到一张报纸并在报纸旁边站好。游戏开始后,大家听音乐踏步,音乐停止时全家人都站在报纸上等待教师检查。脚在报纸外的家庭被淘汰出局。

规则:一次活动后如果没有家庭出局,则对折一次报纸,再继续玩游戏,直到有家庭出局为止。留到最后的家庭获胜。

游戏四:小鸟回家。

玩法:用8个呼啦圈在地上摆成一个小圆圈。每次选5组家庭,妈妈站在呼啦圈内当"鸟妈妈",幼儿当"小鸟"自由地飞,当教师说"老鹰来了,小鸟快回家"时,幼儿赶紧跑回呼啦圈内,投入妈妈的怀抱,先回到家的"小鸟"获胜。

规则:"小鸟"必须在固定的位置"飞行","鸟妈妈"不能离开自己的"家"。

游戏五:爸爸吃草莓。

玩法:将一根长绳子围成一个圆圈,5个爸爸站在圆圈里面,幼儿坐在自己爸爸前面2米处。游戏开始后,每个爸爸都快步走向自己的孩子,吃自己孩子递过来的草莓,其间孩子不能站起来。3分钟内,吃到草莓数量最多的父子(父女)组合获胜。

游戏六:我是小小领路人。

玩法:教师在活动前准备好10个装满水的瓶子,间隔着摆成两排。

爸爸(妈妈)和幼儿站在起点处。游戏开始,爸爸(妈妈)用事先准备好的红绸带蒙上眼睛,幼儿牵着爸爸(妈妈)的手绕着瓶子走S形路线。走到终点后瓶子不倒下的小组获胜。

游戏七:垒高楼。

玩法:教师在活动前准备好小推车10辆和易拉罐80个。家长从起点处将易拉罐运到终点,一次只可以运一个易拉罐。幼儿在终点将家长运过来的易拉罐垒起来,一分钟内垒得最高的获胜。

游戏八:跳芭蕾。

玩法：每个家庭分得一张报纸，爸爸(妈妈)带着幼儿参加游戏。参加游戏的爸爸(妈妈)先将报纸折叠为8开大小，然后和幼儿一起站在报纸上，两个人一起听音乐做动作。注意每个人的脚都不能踩到报纸外，如果脚踩到报纸外就被淘汰。音乐停止后，没有被淘汰的爸爸(妈妈)将报纸对折，再次和幼儿一起站在报纸上，两个人再次听音乐做动作，如果脚踩到报纸外就被淘汰。如此反复玩下去，坚持到最后的为优胜者。

游戏九：小心陷阱。

玩法：发给每个参赛家庭一次性塑料杯1个、小木棍若干。比赛开始后，幼儿与爸爸(妈妈)一起将小木棍巧妙地摆放在杯口上，小木棍不能掉入杯子中。1分钟内，杯口上堆放小木棍最多的家庭获胜。只要有一根小木棍掉进杯子里就被淘汰。

5.各班级拍照：拍摄班级全家福，纪念六一幸福美好时光。

【跳蚤市场】

活动目标

1.培养不浪费物品、节约资源、爱护环境的意识和爱劳动的习惯，体验"劳动快乐""公平买卖""资源共享"。

2.通过交易，初步感受市场经济，学会推销、购买商品，尝试设计促销标语、广告牌、海报，增强团队意识，培养合作、动手、沟通等能力。

3.促进家长与家长、家长与幼儿、幼儿与幼儿之间的多种沟通与交流方式。

活动准备

1.活动前，请每位幼儿从家里带5件物品。物品要求：九成新，在拿到幼儿园之前要清洗、消毒。

幼儿可以带书刊、文具、玩具及幼儿自己制作的物品等。

2.家长协助幼儿设计、制作海报。

3.幼儿给物品贴好价格标签，定价不宜太高。

4.每个幼儿都带10元左右人民币，用来购买自己喜欢的物品。

5.以班级为单位设立一个"商店"，将幼儿带来的物品合理分类、摆放好，做好广告牌，设计好店名，选好售货员。

活动过程

1. 家长入场,教师向家长及幼儿介绍活动内容和过程。

2. 教师、家长和幼儿合作布置摊位,把摊位布置得与众不同。

3. 商店的促销员喊出促销口号,向他人推销自己的物品。

4. 家长带着幼儿到各班商店自由选购物品,购买过程中可以适当讨价还价,双方达成一致意见后便可进行交易。在交易过程中,要严格遵守双方自愿、公平买卖、自由交易的原则。

5. 在活动结束后,家长带着幼儿有秩序地到指定的礼品领取处领取礼品。

7. 教师鼓励幼儿和家长参与整理活动。

【六一亲子美食汇】

活动目标

1. 锻炼动手能力,培养谦让的品质和良好的卫生习惯。

2. 与父母共同制作食品,感受与父母共度六一儿童节的快乐,增进亲子感情。

活动准备

1. 与个别厨艺好的家长联系,请其做好展示厨艺的准备。

2. 教师准备好活动场地、各种食材、活动后的奖品等。

活动过程

1. 教师带领家长和幼儿一起演唱歌曲《我爱我的家》,进入活动。

2. 教师向家长和幼儿简单介绍活动内容和过程。

教师:小朋友们,你们知道6月1日是什么节日吗?是的,6月1日是儿童节,是你们的节日。今天我们和爸爸、妈妈一起来过一个快乐的儿童节,好吗?

你们看,老师准备了很多食材,现在想请你们和爸爸、妈妈一起做好吃的,等全部都做完了,我们再一起来分享,好吗?

3. 教师邀请厨艺好的家长展示厨艺。

4. 教师让家长和幼儿共同制作、品尝各种食品。

教师:请你们把做好的好吃的放在中间这张桌子上。小朋友们记得要把垃圾放在垃圾盘里,大家都要做爱干净的好宝宝。

教师:小朋友们,今天你们开心吗?我们要感谢爸爸、妈妈陪我们度过了一个难忘的节日。

5.教师请家长和幼儿一起演唱歌曲《感恩的心》。

【童心向党　健康成长】(庆六一器械操展演活动)

🌸 活动目标

1.发展基本动作能力,提高协调性、灵活性和柔韧性。

2.培养坚强、勇敢、不怕困难的意志和乐观、合作的态度,增强团队精神及集体荣誉感。

3.感受做操的快乐。

🌸 活动方式

1.展演活动以班级为单位进行,展示顺序为大班—中班—小班。

2.展演活动以教师和幼儿相互观摩的方式进行,每班的两位教师都要参与幼儿做操活动。教师参与观摩时,各班保育员负责维持会场秩序。

幼儿要求:

1.精神饱满。

2.动作到位、有力,有节奏感。

3.做操过程中队伍整齐,进场和退场有序,队形变换迅速、有序,不吵闹。

教师要求:

1.精神饱满,参与积极。

2.动作熟练、准确、到位、协调,有节奏感。

3.能在示范的同时关注个别幼儿,包括他们的动作准确性、行为规范性等,并及时指导。

🌸 活动过程

1.各班在4点15分之前到会场指定位置就座,做好观摩准备。

2.园长讲话。

3.表演班级依次准备,并进行展演。

(1)进场仪式。

(2)器械操展演。

（3）放松活动。

4. 展演结束后，各班幼儿有序地回到班级。

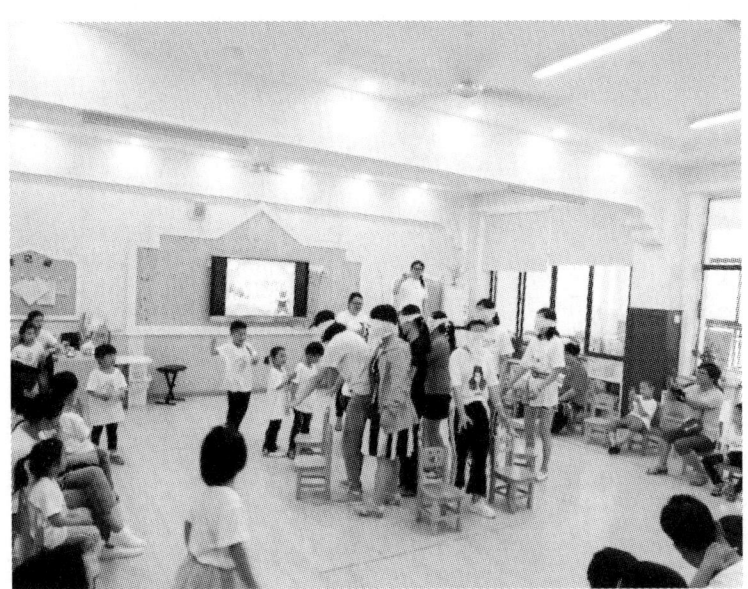

粽叶飘香,品味端午
——端午节主题活动

❧ 设计意图

中国的传统节日习俗有的象征团圆,有的象征辞旧迎新,有的则源自美丽的传说。

随着传统节日的仪式感逐渐减弱,幼儿对于传统节日所知甚少。本次主题活动通过讲故事、吃粽子、画粽子、划龙舟比赛等,让幼儿深入了解端午节的来历和习俗,激发幼儿对传统节日的热爱之情,让他们了解传统文化知识,学习传统礼仪文化,培养良好的品德。

❧ 主题活动目标

1. 知道端午节是我国的传统节日,了解端午节的习俗。
2. 通过开展聆听屈原的故事、吃粽子、画粽子、划龙舟比赛等丰富多彩的活动,深入了解端午节的来历和习俗。
3. 乐意与教师、同伴一起参加节日活动,感受节日的快乐。

❧ 主题活动准备

1. 教师设计主题活动方案,在主题墙装饰中渗透端午节主题活动内容,在活动区域投放活动材料。
2. 请家长给幼儿说说有关端午节的传说或故事,和幼儿一起准备过节的物品,带着幼儿包粽子、尝粽子,让幼儿认识艾叶、了解艾叶的作用。

❧ 家园共育

1. 请家长给幼儿讲讲端午节的习俗,和幼儿聊聊"我们家怎么过端午",为幼儿准备粽子、鸭蛋、艾叶等。
2. 请家长让幼儿带一个粽子到幼儿园,鼓励幼儿与同伴分享美味的粽子。

3. 请家长鼓励幼儿与同伴和教师分享在家中过端午的经过。

【我们的节日·端午】(各领域活动)

活动一:五彩的端午节

◆ 活动目标

1. 了解端午节的来历和习俗,知道端午节是我国的传统节日。

2. 感受传统节日气氛,激发了解传统文化节日的兴趣。

3. 学习屈原的爱国主义精神。

◆ 活动准备

1. 插艾叶、划龙舟的图片。

2. 活动前请家长向幼儿介绍端午节的来历。

◆ 活动过程

1. 教师出示划龙舟的图片,引出活动主题。

教师:小朋友们,你们知道图片上的人在干什么吗?过什么节日时人们会举行划龙舟比赛呢?

幼儿:端午节。

2. 教师引导幼儿了解端午节的来历与习俗。

教师:你们知道端午节的来历吗?

教师讲述屈原的故事。

教师:故事中的屈原是谁?他为什么要跳江自杀呢?人们为什么要包粽子、吃粽子和划龙舟呢?

教师小结:端午节是为了纪念我国古代的一位爱国诗人,他的名字叫屈原,他一心想着国家大事,看着国家面临灾难,他整天忧心忡忡。最终这位怀才不遇的诗人选择跳江自杀了。但是他的尸体一直都没有被找到。他自杀的时候是农历五月初五,人们就把这天定为端午节。为了纪念屈原,在端午节这天,人们会赛龙舟、吃粽子。据说,赛龙舟是为了赶跑河里的鱼虾,往河里扔粽子是为了喂饱鱼虾,都是为了防止鱼虾吃掉屈原的尸体。由此可见,屈原是一位受人尊敬与爱戴的人。

教师:小朋友们,你们从屈原的故事中学到了些什么呢?

3. 教师请幼儿说说自己家过端午节的经过。

教师:你们知道的端午节的习俗中除了吃粽子、划龙舟,还有其他的吗?你们家是怎样过端午节的?

活动二:漂亮的小香囊

❧ 活动目标

1. 进一步了解端午节的相关习俗。
2. 学习制作香囊。
3. 对中国的传统文化感兴趣,产生民族自豪感。

❧ 活动准备

制作香囊所需的材料和工具(纸、剪刀、固体胶、水彩笔、毛线、流苏等),教学课件,教师自制的香囊若干。

❧ 活动过程

1. 教师引导幼儿了解人们佩戴香囊的目的,激发他们制作香囊的兴趣。

教师:五月五,是端阳。粽子香,香厨房。艾叶香,香满堂。荷包香,香衣裳。菖蒲插在门框上,龙舟下水喜洋洋,这儿那儿都是端阳!这首歌谣说的是我国的哪一个传统节日?

幼儿:端午节。

教师:对!端午节到了,大家都忙起来了,他们在忙什么呢?

幼儿自由回答。

教师:端午节的各种习俗千百年来盛行不衰。佩戴香囊是其中一个。瞧,(展示课件中佩戴香囊的画面)漂亮吧? 香囊又叫香袋、香包、荷包,内装香料,香气扑鼻。端午节时人们为什么要佩戴香囊呢? 事实上,佩戴香囊不仅能避邪驱害,还能起到装饰作用。

2. 教师出示自制的香囊,引导幼儿观察,组织幼儿讨论、探索制作香囊的方法及注意事项。

教师:注意了,老师要变魔术了,一、二、三(出示香囊),想知道这些香囊是怎么做的吗?

教师:做香囊需要哪些工具和材料? 对了,需要纸、剪刀、固体胶、毛线、水彩笔、流苏。

教师:怎样用这些材料做香囊呢,我先露一手给你们看看。

教师边说边示范。

教师:我先拿出一张纸,把它对折一下。你们喜欢什么形状的香囊呢?老师喜欢爱心形状的,所以就画爱心的形状。(画爱心)看,这是什么?(举起剪刀)老师要开始剪喽!剪好了,变,两颗爱心。现在这两颗爱心光秃秃的不好看,老师要给它们画上美丽的图案。(拿出水彩笔在爱心上画图案)

接下来,我用固体胶把两颗爱心粘起来,固体胶要涂在没有图案的那一面。注意了,爱心上方不要全部粘住,然后把香料塞进去。我们可以把流苏粘在爱心下方,再往爱心里填充一些报纸片让香囊有立体感,最后把毛线粘在爱心上方。瞧,香囊制作好了。现在,我要考考大家,制作香囊有几个步骤?

幼儿:第一步,将纸对折,再用剪刀剪出香囊的形状;第二步,用水彩笔在香囊上画上图案;第三步,在香囊下方粘上流苏,往香囊里面填充香料和报纸片;第四步,在香囊上方粘上毛线。

教师:我有个疑问,是不是所有的香囊都是爱心形的呢?

幼儿:不是。

教师:香囊可以做成哪些形状呢?老师给大家展示一些,你们在做的时候可以参照它们,也可以自由创造。(教师通过课件展示各种香囊)还有一些温馨提示告诉大家:

(1)香囊两面的图案可以不一样。

(2)使用剪刀时要注意安全。

(3)把剩下的材料收拾好。

3.教师播放舒缓的音乐,让幼儿在音乐声中尝试自制香囊。

教师:接下来是你们展示才艺的时候了,比一比,看谁的手最巧,看谁做的香囊最漂亮。赶快行动吧!

4.待所有幼儿都制作好香囊后,引导幼儿欣赏自己制作的香囊,体验成功的快乐。

教师小结:香囊有杀菌和提高身体抵抗力的作用,小小端午香囊,承载了人们的美好祈望,佩戴香囊表明人们祈求平安吉祥和幸福。下面就让我们互

相赠送香囊,把平安和幸福送给同伴吧!

活动三:龙摆尾音乐游戏

活动目标

1. 感受和体验欢快、热烈的音乐节奏。

2. 能遵守游戏规则,认真学习游戏玩法,享受与同伴合作玩游戏的快乐。

3. 初步了解我国传统文化,增强热爱祖国的情感。

活动准备

1. 在体育活动中练习"钻"这个动作。

2. 舞龙灯的视频、龙头饰品若干。

3. 音频材料。

活动过程

1. 教师带着幼儿复习歌曲《龙摆尾》,让他们感受音乐欢快、热烈的音乐节奏。

2. 教师播放舞龙灯的视频,让幼儿了解我国舞龙灯的民间艺术,激发幼儿玩游戏的兴趣。

3. 教师请幼儿分段听音乐,并创编游戏动作,鼓励幼儿大胆用动作表现歌词内容和乐曲的欢快节奏。教师要及时肯定幼儿的创编活动,并加以总结。

4. 教师引导幼儿学习按顺序"钻洞"。

5. 所有幼儿听音乐玩游戏,体验与同伴合作玩游戏的快乐。

(1)教师介绍游戏玩法,并与部分幼儿一起进行示范,激发幼儿玩游戏的兴趣。

玩法:将幼儿分成男、女两组。其中一组幼儿站成一排,手拉手并举至头顶,搭成"山洞"。另一组幼儿中排在第一位的幼儿戴上龙头头饰,后面的幼儿手搭在前面幼儿的肩上,排成长龙,然后跟随音乐按照一定的方向从"山洞"中钻过。

(2)幼儿分组听音乐练习"钻"这个动作,要求沿一个方向按顺序钻,且动作要协调。

(3)每组请一个幼儿戴上头饰扮龙头,听音乐玩游戏,享受合作玩游戏的快乐。

【浓浓粽香情】(家园亲子活动)

活动目标

1. 知道农历五月初五是端午节,端午节是一家人团聚的日子。

2. 了解端午节有吃五黄、挂五色线以驱毒避虫的习俗,还有许多与端午节相关的传说、故事、儿歌等。

3. 端午节有特别的食品——粽子,它有多种形状、多种口味。

4. 乐于参加包粽子、做香囊、编蛋网、赛龙舟等活动,体验节日的快乐。

活动准备

1. 有关端午节的故事。

2. 做香囊的材料:香料、布、针、线等。

3. 包粽子的糯米、苇叶。

4. 幼儿每人带一个熟粽子和一个熟鸡蛋。

活动过程

1. 活动开场。

教师:小朋友们、来参加我们端午节活动的家长们,大家早上好!

小朋友们,你们知道今天是什么节日吗？对啦！你们真聪明,是端午节！端午节是我国重要的传统节日之一。现在,在家包粽子的人越来越少了,所以很多小朋友没有看过包粽子的情景。今天,我们请来了会包粽子的家长和我们小朋友一起过端午节,让你们看看美味粽子是怎样做出来的。

2. 请家长包粽子。

教师:我们的爸爸、妈妈今天来到了幼儿园,要为我们包好吃的粽子！就让我们来比一比,看看哪个班的家长包得最快,哪个班的家长包得最多！爸爸、妈妈们,我们可是准备了礼物呢！你们加油啊！小朋友们,我们一起来问问他们是否准备好了,我们一起数1,2,3开始！

3. 比蛋环节。

教师:我知道小朋友们今天都带来了一样东西——鸡蛋。农历五月初五这天吃上两个鸡蛋,会大吉大利。我知道刚才我们小朋友在班级里已经比了一下,看看谁的蛋最大,而且每个班都选出了冠军。现在呀,我想再让你们比比看,比一比一个年级组里,谁的蛋最大。你们想来比一比吗?好,现在请小班组先来,请你们每个班都把选出的冠军蛋拿上台来!现在小班的弟弟、妹妹们想和大班的哥哥、姐姐们比一比,他们说了,虽然他们年龄小,但是他们选出的冠军蛋可大啦!我们来比比看吧!

我们来看看爸爸、妈妈粽子包得怎么样啦!看看现在哪个班的家长包的粽子多!我们一起来数一数!看爸爸、妈妈为我们包粽子那么辛苦,我们给他们加加油!

4.教师带着幼儿学唱与端午节相关的儿歌。

教师:爸爸、妈妈们在辛辛苦苦地包粽子,我们小朋友来和老师学习本领感谢他们,我们来学一首关于端午节的儿歌吧。我唱一句,你们唱一句,看看哪个班的小朋友学得快,好吗?

《五月五是端午》:五月五,是端午,小朋友们来跳舞。吃粽子,赛龙舟,高高兴兴过端午。

有的班级已经包完啦!我们一起来数数看!

5.活动结束。

教师:谢谢家长们的支持与参与,你们让孩子们了解到他们吃的粽子是怎样制作的。为了感谢你们,我们幼儿园的一些老师昨晚加班加点,用自己的双手、用五彩缤纷的丝线,做了漂亮可爱的"小粽子"送给你们,祝你们端午节快乐!

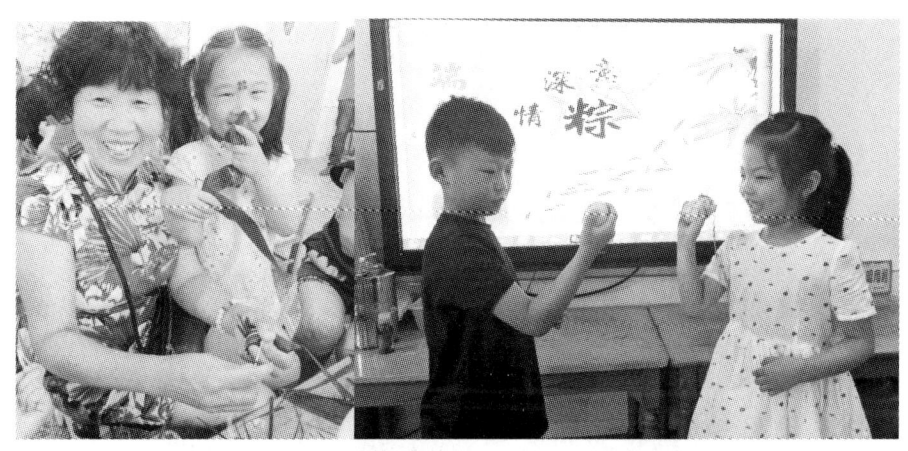

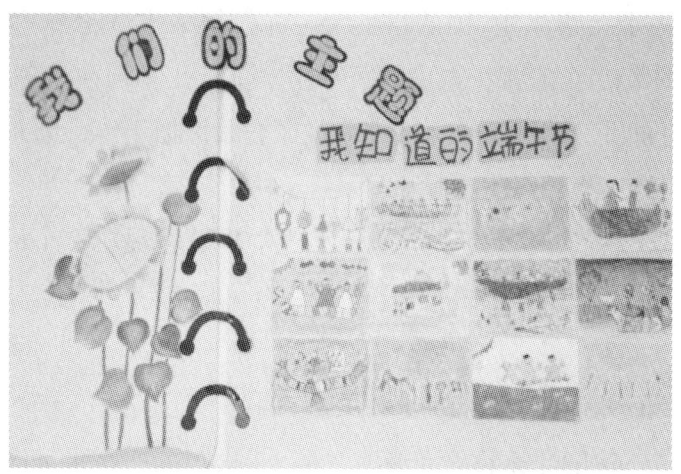

父爱如山，"爸"气十足
——父亲节主题活动

❧设计意图

如果我是一只小鸟，爸爸的爱就是天空，我飞翔在父爱的宽容中；如果我是一条小鱼，爸爸的爱就是海洋，我游弋在父爱的温馨中……每年6月份的第三个星期天是父亲节。很多幼儿对妈妈的依恋程度远超过对爸爸的依恋。其实，父亲也有温柔的一面。我们设计了父亲节主题活动，通过开展阅读绘本故事、朗诵诗歌、画爸爸、为爸爸设计领带、给爸爸制作点心、邀请爸爸来园一起活动等一系列活动，让幼儿了解爸爸工作的辛苦，激发幼儿关爱爸爸的情感，鼓励他们勇敢地表达对爸爸的爱。

现阶段，很多爸爸教育子女的意识淡薄，认为孩子的教育和生活有妈妈管就够了，忽视了自己在孩子成长过程中的重要作用。设计此主题活动，能够让爸爸体会陪伴的重要性，增进亲子感情。

❧主题活动目标

1. 了解爸爸的职业，愿意向同伴介绍自己的爸爸。
2. 理解爸爸工作的辛苦，乐意大胆表达对爸爸的爱。
3. 通过开展一系列活动，增进亲子感情。

❧主题活动准备

1. 教师设计主题活动方案，在主题墙装饰中渗透端午节主题活动内容，在活动区域投放活动材料。
2. 请爸爸给幼儿讲讲自己的工作，聊聊自己为孩子做了哪些事。

❧家园共育

1. 请家长给孩子讲讲爸爸的故事、爸爸的职业，告诉他们爸爸的辛苦。

2. 请家长参与幼儿园组织的父亲节延伸活动。

【我有一个好爸爸】(各领域活动)

活动一:《像爸爸一样》绘本阅读

活动目标

1. 理解绘本《像爸爸一样》,尝试大胆讲述狮子宝宝和狮子爸爸长相、本领的不同之处。

2. 感受狮子宝宝对狮子爸爸的喜爱、崇拜之情,激发对自己爸爸的喜爱、崇拜之情,融洽亲子关系。

活动准备

1. 绘本《像爸爸一样》。

2. 教学课件。

活动过程

1. 教师带着幼儿欣赏绘本《像爸爸一样》。

(1)教师展示大狮子图片。

教师:大狮子是什么样子的?

(2)教师展示狮子宝宝图片,让幼儿观察狮子宝宝的样子,并比较狮子爸爸和狮子宝宝的不同。

教师:狮子宝宝在哪里?狮子宝宝和狮子爸爸长得像吗?什么地方不一样?

(3)教师播放教学课件,并给幼儿讲述课件内容。

教师引导幼儿说说自己与爸爸不一样的地方,说说希望自己哪些地方长得像爸爸一样。

2. 教师带着幼儿仔细阅读绘本。

(1)教师带着幼儿仔细地阅读绘本,让幼儿感受狮子宝宝对狮子爸爸的喜爱、崇拜之情。

(2)教师引导宝宝说说自己爸爸的本领,激发他们对爸爸的喜爱、崇拜之情。

教师:狮子爸爸有很多本领,都教给了狮子宝宝。你们的爸爸有什么本领呢?

3. 教师引导幼儿说说自己爸爸的性格。

(1)教师带着幼儿重点阅读狮子爸爸带狮子宝宝捕猎,一大群蜜蜂追着狮子爸爸部分。

教师:狮子爸爸受伤了、不开心了,狮子宝宝是怎么做的呢?平时你的爸爸也有不开心的时候,你是怎样让爸爸开心的?

(2)让幼儿学习给爸爸捶捶背,逗爸爸开心,让爸爸感受孩子的爱。

教师小结:希望你们多和爸爸相处,感受爸爸对你们的爱,也要多表达自己对爸爸的爱。

活动二:我的爸爸

❖ **活动目标**

1. 欣赏散文诗《我的爸爸》,体会和爸爸在一起时愉快、安全、幸福的感觉。

2. 能大胆地在同学面前讲述爱爸爸的理由,进一步增进亲子感情。

❖ **活动准备**

教学课件,玩具娃娃若干。

❖ **活动过程**

1. 教师以谈话的方式导入活动。

教师:你们喜欢和爸爸一起玩吗?你们和爸爸玩过哪些游戏呢?

幼儿自由回答。

教师:我们小朋友都喜欢和爸爸一起玩,每个人都和爸爸玩过有趣的游戏。你们和爸爸一起玩时,感觉是怎样的?

幼儿:特别开心。

教师:今天老师给小朋友们带来了一首散文诗《我的爸爸》,散文诗说的是一个孩子和爸爸一起开心地玩各种有趣的游戏,他们在玩什么呢?我们一起来欣赏一下吧。

2. 教师播放教学课件,让幼儿完整地欣赏散文诗《我的爸爸》。

教师:诗中的小孩喜欢和爸爸在一起玩哪些游戏?

坐在爸爸翘起的二郎腿上,就像坐什么?

爬到爸爸的大腿上再滑到脚上,像玩什么?

往爸爸背上爬,就像爬什么?

骑在爸爸的脖子上,就像到了什么地方?

诗中的小孩和爸爸玩得真开心,你们感受到了吗?我们再来欣赏一下吧。

3.教师再次让幼儿完整地欣赏散文诗,引导幼儿在欣赏的同时根据散文诗的内容做动作。

教师:你们喜欢你们的爸爸吗?为什么?

教师小结:小朋友们都很爱自己的爸爸,因为爸爸能给我们带来许多快乐,和爸爸一起玩我们感觉特别安全、特别幸福。晚上回家,把这首散文诗当作礼物送给爸爸,可以跟爸爸玩一玩诗中提到的有趣的游戏,相信你们一定会很开心!

活动三:这是我爸爸

◇ 活动目标

1.能认真地观察爸爸的外形特征,细致地画出爸爸的五官。

2.能运用点、线条、图形等装饰画面。

◇ 活动准备

1.《布朗的爸爸》教学课件。

2.范画三张、黑色记号笔和图画纸若干等。

◇ 活动过程

1.教师播放教学课件《布朗的爸爸》。

教师:布朗的爸爸是什么样子的?布朗很爱自己的爸爸,我们小朋友肯定也很爱自己的爸爸,请你们说一说自己爸爸的面部、头发等特征。

2.教师引导幼儿画自己的爸爸。

教师:听了小朋友们对爸爸的介绍后,老师发现你们非常了解自己的爸爸,很爱自己的爸爸,是吗?有几位小朋友为了表达自己对爸爸的爱,他们给爸爸画了张像,我们一起来看看吧!

教师出示线描画范画《我的爸爸》,让幼儿简单描述范画中爸爸的五官特征和衣着特征。

教师让幼儿画自己的爸爸,教师观察指导,给予适当的帮助。

教师向幼儿提出作画要求:作画时先画脸,再画头发和五官,要细致地画出爸爸的五官有什么特别的地方;充分运用色彩和点、线条、图形等装饰画面。

3. 教师展示幼儿作品。

教师将幼儿的作品展示出来,供大家欣赏。

活动四:爸爸的领带

❀ 活动目标

1. 体验给爸爸设计、制作礼物的快乐。

2. 了解爸爸的服饰特点,爱爸爸,主动关心爸爸。

❀ 活动准备

水彩笔、油画棒、卡纸等。

❀ 活动过程

1. 教师和幼儿以谈话形式进入活动。

教师:小朋友们,小熊刚才打电话告诉我,今天是它爸爸的生日,它想给爸爸做一条漂亮的领带,你们愿意帮帮它吗?你们家谁会打领带?

幼儿:爸爸。

教师:你们的爸爸喜欢什么颜色和花纹的领带?

2. 教师引导幼儿学习制作和装饰领带的方法。

教师:这是我为熊爸爸做的领带,你们想不想为自己的爸爸做一条漂亮的领带?大家一起来试试吧!

教师讲解制作方法,请幼儿仔细观察。

教师让幼儿操作,并及时指导能力弱的幼儿。

3. 教师展示幼儿作品。

(1)在幼儿完成作品之后,教师可以将幼儿的作品贴在展示栏上。

(2)教师请两三个幼儿介绍自己制作的领带。

活动五:我给爸爸做沙拉

❀ 活动目标

1. 知道水果有多种吃法,尝试用水果做沙拉。

2. 感受多种水果组合在一起产生的色彩美。

3.体验与同伴一起分享的快乐。

活动准备

一次性桌布,沙拉酱,各种水果(已切成块,装在大盘子里),小碗,勺子,叉子,牙签,一次性西餐刀若干把(与幼儿人数相符),果汁、果酱、水果羹图片。

活动过程

1.教师引导幼儿认识水果,了解水果的多种吃法。

(1)教师出示已经做好的水果沙拉,请幼儿观察。

教师:这是什么?里面有什么?你们有没有吃过水果沙拉?谁给你们做的?你们吃过的水果沙拉里有哪些水果?

(2)教师出示果汁、果酱、水果羹图片,引导幼儿讨论水果的不同吃法。

2.教师带着幼儿了解水果沙拉。

教师:马上就要到爸爸的节日了,让我们做一份沙拉送给爸爸,祝他节日快乐,好吗?

(1)让幼儿了解做水果沙拉需要的主要材料和工具。

(2)教师告诉幼儿做水果沙拉的步骤。

3.教师鼓励幼儿操作。

(1)教师带着幼儿进入操作间,先让他们观察教师准备好的水果,再让他们说说有哪些水果、水果的颜色及形状等,让他们感受不同水果的色彩美、形状美。

(2)教师让幼儿操作,重点指导幼儿操作时的"切"与"拌",鼓励幼儿尝试使用不同的材料制作沙拉,让每个幼儿的动手能力都得到不同程度的提高。

4.教师引导幼儿欣赏自己做的水果沙拉,感受它的色彩美,并让幼儿带回家中给爸爸品尝。

【父爱如山·"爸"气十足】(家园亲子活动)

活动目标

1.与爸爸一起参与活动,感受爸爸深沉的爱。

2.增进亲子感情。

活动准备

1.绘本《我爸爸》教学课件。

2.小礼物若干,班级幼儿与爸爸的合照。

活动过程

1.教师播放教学课件,进入活动。

教师:有个小朋友叫皮特,他来自英国,他想跟大家介绍他的爸爸,你们想看吗?让我们一起来看看吧。

2.教师结合课件讲解绘本。

(1)播放课件的第1页。

教师:这是皮特的爸爸,皮特说他爸爸是世界上最帅的爸爸。你们觉得呢?你们的爸爸帅吗?

教师:老师也觉得自己的爸爸是世界上最帅的爸爸,因为爱孩子的爸爸是最帅的!

(2)播放课件的第2到7页,知道爸爸是个勇敢的人。

教师:从这几幅图我们能看出来皮特的爸爸是个什么样的人?

幼儿:勇敢。

教师:你们的爸爸勇敢吗?你们从哪里看出来他是勇敢的?

幼儿:刮风下雨都不怕,妈妈不敢做的事爸爸都敢做,有责任心,能保护我和妈妈。

(3)播放课件的第8到13页,了解爸爸的特点,夸夸爸爸。

教师:皮特的爸爸有那么多本领,你们的爸爸有哪些本领?谁可以用"像……一样"来夸夸自己的爸爸?

(4)播放课件的第14页。

教师:你们的爸爸温柔吗?从哪里能够看出来他是温柔的?

幼儿:给我冲奶粉喝,在我生病的时候照顾我。

(5)播放课件的第15页。

教师:你们的爸爸聪明吗?

幼儿:我的爸爸很聪明,他总能回答我提出的问题。

(6)播放课件的第16页。

教师:你们的爸爸会做傻事吗?分享下你们的爸爸做过的傻事吧。

(7)播放课件的第17到20页,了解爸爸的职业。

教师:你们爸爸的工作是什么?他工作的时候都做些什么?(重点放在引导幼儿尊重不同职业,表现出对爸爸的崇拜之情)

教师请幼儿用完整的话表述自己爸爸的职业及工作内容,感受爸爸工作的辛苦,表达爱爸爸的情感。

教师小结:就像小朋友要上幼儿园一样,我们的爸爸每天都要辛苦地工作,他们有的是医生,有的是老师,有的是工程师,有的是工人……爸爸每天辛苦工作是为了让我们过上更幸福的生活。每天下班后,爸爸还要利用休息的时间陪我们做游戏,教给我们做人的道理,让我们一起对爸爸说:爸爸,您辛苦了!

(8)播放课件的第21到23页,情感升华,激发对爸爸的热爱。

教师:这个故事好听吗?故事中的皮特爱自己的爸爸吗?爸爸爱皮特吗?你们爱自己的爸爸吗?

3. 教师引导幼儿观看教师提前准备的幼儿与爸爸的合照,让幼儿感受自己和爸爸之间浓浓的情意,增强他们爱爸爸的情感。

教师:小朋友们,其实我们的爸爸也像皮特的爸爸一样,虽然看上去不是很帅,有时候还会做一些傻事,但是在我们心中爸爸真的很棒,因为我们知道爸爸的搞笑是为了让我们开心,爸爸的温柔是为了让我们感到温暖舒适,爸爸的强壮是为了保护我们,爸爸为我们做了许多事情,因为爸爸爱我们。也许我们都忘记了,在我们成长的过程中爸爸陪我们做了很多事情。我收集了一些照片,让我们一起来看看,你们也都回忆一下爸爸陪你们做过什么事情。

教师:小时候,爸爸用温暖的手抱着我们。慢慢地,我们长大了,是爸爸用他的大手拉着我们,让我们学会了走路。在我们学会走路以后,爸爸带着我们去游玩,游玩的地方留下了我们和爸爸的笑声,留下了我们和爸爸的脚印,留下了我们和爸爸的身影。爸爸为我们的每一点进步开心,为我们学会的每一种本领高兴。当我们累了时,爸爸抱着我们、背着我们。爸爸用他的大手拉着我们的小手,陪伴着我们,看着我们慢慢长大。

3. 教师引导幼儿说出想对爸爸说的话。

教师:小朋友们,爸爸为我们做了很多事情。你们有什么话要对自己的爸爸说吗?现在就对爸爸说吧!

爸爸们,孩子们还为你们准备了礼物(幼儿自制的领带)。孩子们,礼物在

哪呢？拿出来送给爸爸吧，记得对爸爸说句心里话。（教师注意拍照留念）

爸爸们，孩子们还想给你们跳一个舞，你们想看吗？

4. 教师带着幼儿一起表演舞蹈《爸爸去跳舞了》。

5. 教师请爸爸和孩子一起拍照。

教师小结：亲爱的各位家长，今天这个机会很难得，相信今天的父亲节活动是孩子们送给爸爸们最好的礼物。孩子的成长离不开母亲，更离不开父亲，父爱如山，父亲对孩子的成长影响很大。爸爸们，希望你们无论多忙多累，都尽量抽出时间陪陪孩子，因为孩子真的很爱你们。感谢你们今天在百忙之中抽时间来参加活动，祝各位父亲节快乐！

暖暖教师节,浓浓师幼情
——教师节主题活动

✿ **设计意图**

　　自古以来,我国就有尊师重教的优良传统。为了发扬尊师重教的优良传统,提高教师地位,1985 年 1 月 21 日,第六届全国人大常委会第九次会议决定将每年的 9 月 10 日定为教师节。

　　在教师节到来之际,我们组织开展了庆祝教师节主题活动,让幼儿更加了解教师,感受教师付出的辛勤劳动,从而发自内心地感谢教师,愿意为教师做自己力所能及的事情,进一步增进师生间的感情。

✿ **主题活动目标**

　　1. 知道 9 月 10 日是教师的节日,知道应该尊敬教师。

　　2. 乐意用不同的方式向教师表达爱与尊敬。

　　3. 培养尊敬教师、热爱教师的情感,加深师幼感情。

✿ **主题活动准备**

　　1. 教师设计主题活动方案,在主题墙饰中渗透主题活动内容,在活动区域中投放活动材料。

　　2. 请家长给幼儿讲有关教师节的来历,和幼儿一起讨论应该怎样为教师庆祝节日。

【亲亲我的好老师】(各领域活动)

活动一:了解教师节

✿ **活动目标**

　　1. 知道 9 月 10 日是教师节,全国人民都应该尊敬教师。

　　2. 体会教师对自己的关爱,增强热爱教师的情感。

活动准备

《给老师的爱》画册,卡纸、水彩笔、剪刀等。

活动过程

1. 教师通过提问和讨论,进入活动。

教师:小朋友们,你们知道6月1日是谁的节日吗?

幼儿:是我们小朋友的节日。

教师:你们过节的时候快乐吗?你们知道吗?老师也有节日。你们知道老师的节日是哪一天吗?

幼儿:9月10日是老师的节日。

2. 教师引导幼儿回忆往事,激发幼儿热爱教师的情感。

教师:谁能说说自己和老师之间曾发生的难忘的一件事。和老师在一起时,你们的心情是怎么样的?为什么?

教师:你现在有了哪些本领?这些本领是跟谁学的?老师为你们做了哪些事情?

教师:除了班级里的老师,幼儿园里还有哪些人关心、照顾过你?

3. 教师组织讨论。

教师:老师把爱给了小朋友们,小朋友们在老师的节日里应该怎么做呢?

教师先让幼儿阅读画册《给老师的爱》,然后带着他们讨论。

教师:画册中的老师怎么了?为什么会咳嗽?小朋友们想出了什么办法帮助老师?老师会怎么想?你们平时是怎样对待老师的?

4. 教师引导幼儿制作小礼物送给老师,积极表达自己的祝福。

教师引导幼儿分组制作爱心卡、花束等小礼物,并适时给予帮助。待小礼物做好后,教师鼓励幼儿把它们送给老师,并说出祝福的话。

5. 幼儿赠送礼物,并演唱歌曲祝福老师。

活动二:我为老师唱首歌

活动目标

1. 初步熟悉歌曲的旋律,理解歌曲的内容。

2. 愿意学习唱歌,产生对教师的尊敬和热爱之情。

◆ **活动准备**

1. 小蜜蜂、花朵、小鱼、小河的图片,一群小朋友围着老师唱歌的图片。

2. 歌曲《我为老师唱首歌》音频资料。

◆ **活动过程**

1. 教师出示一群小朋友围着老师唱歌的图片,通过提问激发幼儿学习的兴趣。

教师:谁能告诉大家,图片中的小朋友们在干什么?

幼儿:在给老师唱歌。

教师:他们为什么要给老师唱歌呢?

幼儿:因为他们想谢谢老师。

2. 教师组织幼儿讨论。

教师:他们为什么要谢谢老师?

幼儿自由讨论。

3. 教师引导幼儿理解歌曲内容。

教师:今天我们也来给老师唱首歌吧。

教师示范演唱歌曲,并告诉幼儿歌词内容。

教师:歌曲中的小蜜蜂爱谁?小鱼爱谁?

教师先边播放歌曲边朗诵歌词,再让幼儿跟着自己朗诵歌词。

4. 教师带着幼儿一起学唱歌曲。

教师再次示范演唱,并拿出小蜜蜂、花朵、小鱼、小河的图片,让幼儿边看图片边学唱。

活动三:老师的手

◆ **活动目标**

1. 知道教师的手能干很多事情,懂得尊敬教师,激发对教师的热爱之情。

2. 能在教师的引导下仿编儿歌。

◆ **活动准备**

事先准备好折纸鸭子、泥塑小狗、小羊绘画作品、自制玩具飞船作品等。

❀ **活动过程**

1. 教师和幼儿以谈话形式进入活动。

(1)教师展示折纸鸭子、泥塑小狗、小羊绘画作品、自制玩具飞船作品等。

(2)教师让幼儿欣赏作品,并让他们说说自己喜欢哪个,激发幼儿探究兴趣。

(3)教师让幼儿说说手工作品是用什么材料做的,让他们想想是谁做的。

2. 教师引导幼儿欣赏儿歌《老师的手》。

教师利用做出的手工作品,边念歌词边做动作,让幼儿理解儿歌内容。

教师:老师的手会做什么?

教师根据幼儿的回答出示相应物品。

教师:老师是怎么做的?(启发幼儿理解折、捏、画、做等动词。)

3. 教师鼓励幼儿仿编儿歌。

教师出示制作好的其他作品,鼓励幼儿仿编儿歌。

4. 教师让幼儿回家把《老师的手》唱给爸爸、妈妈听,和爸爸、妈妈一起续编儿歌,并把续编的儿歌带到幼儿园和小朋友一起分享。

《老师的手》儿歌:老师的手,真巧!折只小鸭"嘎嘎嘎"——身子直摇。老师的手,真巧!捏只小狗"汪汪汪"——冲我直叫。老师的手,真巧!画只小羊"咩咩咩"——要吃青草。老师的手,真巧!做架飞船"嗖嗖嗖"——飞得高高。

活动四:老师,您真好

❀ **活动目标**

1. 知道教师节是教师们的节日,初步了解教师的工作。

2. 愿意主动向教师展示所学的本领,和教师抱一抱、亲一亲,说声"节日好",回报教师的付出。

3. 加深喜欢教师、爱教师的情感。

❀ **活动准备**

幼儿在幼儿园学习、生活的录像片段或照片剪辑。

❀ **活动过程**

1. 教师以谈话方式导入活动,激起幼儿参与活动的兴趣。

教师:今天,我带来了一段好看的视频,请小朋友们看看这里面有谁?他们在干什么?

2.幼儿观看自己在幼儿园学习、生活的视频,了解教师的工作。

(1)幼儿观看视频。

(2)教师提问,启发幼儿思考。

教师:录像里有谁?老师们在做什么?老师们教会了你们哪些本领?

3.教师引导幼儿展示自己跟老师学习的本领。

教师:谁能把自己学到的本领表演给大家看呢?

4.教师介绍教师节。

教师:你们跟老师学了这么多的本领,你们喜欢老师吗?

教师向幼儿介绍教师节。

5.幼儿和教师抱一抱、亲一亲,向教师道声"节日好"。

活动五:我亲爱的老师

❧活动目标

1.知道9月10日是教师们的节日。

2.学习画人物时画出人物脸部的特征。

3.激发热爱教师的情感。

❧活动准备

铅笔、纸、水彩笔、音频资料。

❧活动过程

1.教师以谈话形式导入活动。

教师:今天是9月10日,小朋友们知道今天是什么节日吗?今天是谁的节日呀?

2.教师向幼儿介绍教师节,引导幼儿向班级老师表达祝福。

教师给幼儿讲述教师节的由来和意义。

教师:老师辛苦地教你们学本领,你们想怎样表达对老师的爱呢?

3.教师引导幼儿观察班里的老师。

(1)教师让幼儿观察班里的老师并进行描述。

教师:请小朋友看看我们班的老师长得是什么样子的?

教师引导幼儿仔细观察老师的头发、眼睛、鼻子、耳朵、嘴巴等。

(2)教师提问,引导幼儿进一步观察。

教师:老师是圆脸,还是瓜子脸?老师的头发是长的,还是短的?是直的,还是卷的?老师的眼睛是大大圆圆的,还是细细弯弯的?老师的鼻子、耳朵、嘴巴各是什么样的?

4.教师请幼儿给班里的老师画幅画。

(1)教师示范讲解画法,引导幼儿把教师的脸部基本特征画出来。

(2)幼儿自由创作,教师负责观察指导。

5.幼儿给教师送礼物。

教师鼓励幼儿把自己画的画送给老师,并向老师说一句:"老师,祝您节日快乐!"

团团圆圆庆中秋
——中秋节主题活动

❀ 设计意图

中秋节这天,我们可以品尝到多种美食。瞧,各种各样的月饼装在精美的盒子里,看着就很诱人,还有马路边的板栗、邻居碗里的芋头、奶奶手里的糖饼……都让人垂涎三尺!

中秋节是一个快乐的日子。瞧,餐桌比月亮还圆,家人围坐在一起赏月、吃月饼……欢快的笑声,让天上的嫦娥都想下凡!

过中秋节是让幼儿了解中华传统文化的大好机会。

闻闻、看看、摸摸、尝尝等方式有利于幼儿认识和把握事物的特征。在中秋节主题活动中,我们以说说唱唱、切切分分、做做尝尝为线索,渗透科学探索、语言讲述、美工操作、集体联欢等活动内容,引导幼儿寻找发现、实践操作、快乐分享,在快乐、轻松的游戏氛围中感受和体验……

❀ 主题活动目标

1. 知道中秋节是我国的传统节日,知道赏月、吃月饼是中秋节的主要习俗。
2. 通过欣赏歌曲、制作月饼、诵读古诗、品尝月饼等活动了解中秋节,感受中秋节的传统习俗文化。
3. 乐意与教师、同伴一起参加节日活动,体验节日的快乐。

❀ 主题活动准备

1. 教师设计主题活动方案,在主题墙饰中渗透主题活动内容,在活动区域投放活动材料。
2. 请家长给幼儿讲有关中秋节的传说或故事,和幼儿一起准备过中秋节的物品。

家园共育

1. 请家长给幼儿讲讲中秋节的习俗,和幼儿聊聊家里怎么过中秋节。

2. 支持幼儿带一个月饼入园,鼓励幼儿与同伴分享。

3. 请家长参与幼儿园组织的中秋节的延伸活动。

【我们的节日·中秋】(各领域活动)

活动一:中秋月儿圆

活动目标

1. 知道中秋节,了解赏月、吃月饼等习俗。

2. 能在集体活动中观察和简单交流过中秋节的感受。

活动准备

1. 教学课件。

2. 月饼一盒,点心盘,刀。

3. 搜集幼儿与家人一起赏月、吃月饼的照片。

4. 收集月饼盒。

活动过程

1. 了解中秋节。

教师:小朋友们,中秋节就要到了。你们知道中秋节吗?

2. 了解中秋时月儿圆。

(1)教师带着幼儿了解中秋节时月亮的特点。

教师播放教学课件,启发幼儿回忆过中秋节的经过。(月亮特别圆,全家人在一起吃月饼、赏月等)

(2)教师引导幼儿了解中秋节的习俗。

教师让幼儿结合自己带来的中秋节照片,说一说中秋节有哪些习俗。

3. 教师结合月饼盒上的图片,给幼儿讲述故事《嫦娥奔月》。

(1)教师将幼儿从家中带来的各种形状、口味的月饼切开,请幼儿自由品尝,体验分享的快乐。

(2)教师请幼儿说说自己品尝的月饼的味道。

活动二：《静夜思》古诗赏析

❧ 活动目标

1. 通过多种方式的诵读,理解古诗的意思。

2. 乐于参加古诗学习活动,对活动有一定的兴趣。

❧ 活动准备

与《静夜思》诗歌相关的图片。

❧ 活动过程

1. 教师以谈话形式导入活动。

教师:小朋友们,如果离开了家,你们会想家吗?如果你们想家了,会怎么办呢?古代有一个诗人叫李白,他离开了家,他想家的时候写了一首诗,你们知道这首诗吗?

幼儿自由讨论。

2. 教师出示图片,让幼儿观察。

教师:你们知道躺在床上的这个人是谁吗?

幼儿:李白。

教师:他抬头在看什么呀?他看见月亮就想起了哪里呢?

教师待幼儿回答完毕后,讲述古诗的意思。

3. 教师先有感情地朗诵古诗,然后带着幼儿一起朗诵。

教师:这首古诗好听吗?请你们跟着老师一起来朗读,好吗?

4. 教师引导幼儿自由地边朗诵古诗边做动作。

教师:今天你们学会了一首古诗,回家以后背给你们的爸爸、妈妈听,好吗?

活动三：给月亮宝宝穿新衣

❧ 活动目标

1. 能用油画棒涂色,能够顺着一个方向涂得很均匀。

2. 乐意参加涂色活动,体验涂色的乐趣。

❧ 活动准备

1. 人手一份操作材料。

2.教师的范画。

活动过程

1.教师以谈话方式激起幼儿参与活动的兴趣。

教师:小朋友们,你们喜欢中秋节的月亮吗?为什么?

在幼儿回答后,教师总结中秋节月亮的主要特征:圆圆的,特别亮。

教师:今天我们来给月亮穿上衣服吧。

2.教师讲解画法,并做好示范。

(1)教师请一名幼儿上前尝试涂月亮。待这名幼儿涂好后,教师要肯定他涂得好的地方,并委婉地指出涂得不准确的地方。

(2)教师示范涂色的方法:先涂外面的轮廓线,再涂里面的,注意在涂里面的时候,要顺着一个方向涂。

3.全体幼儿动手画画,教师巡视指导。

请幼儿每人涂两个月亮,一个弯弯的,一个圆圆的,提醒幼儿注意涂色时不能涂到月亮的外面。

4.评价活动。

教师展示幼儿的作品,让幼儿互相欣赏。

教师:你喜欢谁涂的月亮?为什么?

活动四:月饼真正多

活动目标

1.知道月饼是过中秋节时吃的食品,通过观察与品尝,知道月饼有不同的口味。

2.能用较完整的语言表达发现与感受。

3.体验与同伴一起分享月饼的快乐。

活动准备

1.幼儿每人带一块月饼(自带,品种不限)。

2.教师准备广式月饼与苏式月饼各若干个,水果刀一把。

活动过程

1.教师让幼儿自由观察盘子里的月饼,并和同伴进行交流。

教师:盘子里有什么？它们是什么样子的？闻起来怎么样?

2. 教师让幼儿观察月饼,知道月饼的馅有很多种。

教师让幼儿猜猜月饼是什么馅的,进一步激发幼儿参与活动的兴趣。

3. 教师引导幼儿观察切开的月饼,让他们仔细观察月饼馅。

教师:仔细看看月饼馅是什么样的,你们有没有吃过这些口味的月饼？说说它们的味道吧。

4. 教师鼓励幼儿介绍自己见过或吃过的月饼。

教师:你们还吃过什么样的月饼？给大家介绍一下吧。

5. 教师和幼儿一起品尝月饼,体验和同伴分享的快乐。

活动五:我给月饼分分类

活动目标

1. 比较月饼形状、大小的不同,并能按形状、大小给月饼分类。

2. 感受中秋节团团圆圆分享月饼的快乐。

活动准备

幼儿自带一两个月饼,大小圆形标签若干,盘子若干,大小娃娃各一个。

活动过程

1. 教师以谈话形式导入活动。

教师:农历八月十五是我国的传统佳节中秋节,是全家人团聚赏月、吃月饼、共享快乐的好日子。今天,小朋友们也都带来了月饼,一起分享快乐。可是这两个娃娃没有月饼,很伤心,我们该怎么办?

幼儿:我们可以分给它们吃。

2. 教师引导幼儿比一比各种月饼形状、大小的不同。

教师:这些月饼有什么不一样?

3. 教师带领幼儿给月饼分类。

教师:请找出圆形月饼与方形月饼,并把它们放在不同的盘子里。

4. 教师引导幼儿给月饼贴上标签。

教师:月饼还可以怎么分呢?

幼儿:用标签给不同大小的月饼作记号。

(1)教师让幼儿区分大小标签。

(2)教师让幼儿分别在大、小月饼上插上相应的大、小标签,两个娃娃可以一个吃大月饼,一个吃小月饼。

5. 大家共同品尝月饼。

活动六:《爷爷为我打月饼》歌曲欣赏

🌸 活动目标

1. 欣赏歌曲,初步理解、感受歌曲的内容和表达的情感。

2. 尝试用声音、动作等表达自己对歌曲的理解。

🌸 活动准备

1.《爷爷为我打月饼》歌曲音频、视频材料。

2. 在学唱歌曲前,教师给幼儿讲述一位红军爷爷的故事。这位红军爷爷为了保护一群革命者的后代,本该退伍的他决定留下来照顾可爱的孩子们。为了让孩子们在中秋节这天吃上月饼,他到山里去担水,不料被敌机的炸弹击中,身负重伤。但他仍然坚持着与孩子们一起做月饼,直到月饼做好后,孩子们才发现他们的爷爷再也站不起来,永远地离开了他们……

🌸 活动过程

1. 教师播放歌曲,并引导幼儿欣赏歌曲,感受歌曲所表达的情感。

教师:听完这首歌,你们有什么感受?

2. 教师再次让幼儿欣赏歌曲,理解歌曲内容。

教师:歌曲里说了一件什么事?请大家仔细听。

3. 教师让幼儿边看视频边欣赏歌曲,进一步理解歌曲内容。

教师引导幼儿感受歌曲中爷爷对孩子们的关爱。

4. 教师鼓励幼儿用语言、动作等表达自己对歌曲的感受。

【团团圆圆庆中秋】(家园亲子活动)

🌸 活动目标

1. 知道农历八月十五是我国的传统节日中秋节,知道中秋节是我国传统的团圆节日。

2. 了解中秋节人们都开展些什么活动,通过品尝月饼和水果、观赏月亮、共同联欢等体验节日的快乐,了解中秋节的来历,感受中国传统节日的文化习俗。

3.促进亲子交流,增进亲子感情。

活动准备

1.桌子、盘子、水果、月饼、荧光棒、头饰。

2.纸盘、橡皮泥、棉签、美术纸、颜料、报纸、刮画纸、蜡光纸等材料。

3.教学课件、开场音乐和所有节目的背景音乐资料。

4.各班幼儿及家长围成半圆形坐着(幼儿坐在前面,家长坐在后面)。

活动过程

1.家长7:15时把幼儿送到各班教室由老师照顾,保育老师在操场接待家长并把水果、月饼摆放好。家长有序地坐在自己的位置上。

2.7:25时,各班老师把幼儿带到大厅整理队形。7:30时,各班有序进场。

3.幼儿集体演唱歌曲《爷爷给我打月饼》。

4.主持人做开场讲话。

5.幼儿集体朗诵《静夜思》。

6.幼儿和家长共同观看《十万个为什么》教学课件。

7.各班幼儿轮流进行才艺展示。

8.各班女孩扮演嫦娥上台拿水果和月饼,和本班男孩与家长一起品尝。

我是中国娃
——国庆节主题活动

❧设计意图

国庆节是祖国妈妈的生日,开展庆祝国庆节主题活动能够让幼儿了解10月1日是国庆节,知道五星红旗是中国的国旗,感受国歌的雄壮有力。在活动中,通过了解多个民族的传统习俗文化,激发幼儿喜爱各民族的情感;通过欣赏各地风景名胜照片,让幼儿领略祖国山河的秀丽;通过了解各地特产,让幼儿知道祖国的地大物博。

❧主题活动目标

1. 初步感受祖国的伟大,萌发爱祖国的情感。
2. 知道10月1日是国庆节,了解中国的首都是北京,知道国旗和国徽的含义。
3. 能积极参加活动,用唱歌、跳舞、画画等方式表达对祖国的爱。

❧主题活动准备

1. 教师设计主题活动方案,在环境布置中渗透国庆节主题活动内容,在活动区域投放相关活动材料。
2. 幼儿园制作国庆节宣传海报,选择10位家长志愿者辅助维持亲子活动现场秩序。

❧家园共育

1. 请家长让幼儿把往年在国庆期间拍摄的美丽景色及幼儿的照片带到幼儿园。照片上要标注拍摄地、幼儿姓名。家长可以教幼儿介绍游览过的地方,以便他们来园和小朋友分享。
2. 请家长协助幼儿收集各地土特产、服饰的包装盒、包装袋等,并积极参加幼儿园组织的布置"祖国特产""民族服饰""祖国大好河山"会展活动。

【我爱祖国妈妈】(各领域活动)

活动一:了不起的中国人

◆ 活动目标

1. 知道中国地大物博,知道自己是中国人,中国人民勤劳、勇敢、聪明。

2. 培养观察能力和辨别能力,愿意与同伴、教师互动,乐于表达自己的想法。

3. 初步感受祖国的伟大,萌发爱祖国、爱国旗的情感。

◆ 活动准备

小国旗若干,教学课件,记分牌。

◆ 活动过程

1. 开始部分。

(1)幼儿每人拿一面小国旗进入活动室。

(2)教师以谈话形式导入活动

教师:在国庆节期间,你们在哪里见过五星红旗?

幼儿自由回答。

2. 主体部分。

(1)教师介绍五星红旗。

教师:五星红旗遍布祖国的各个地方,我们一起来看一看。

教师播放教学课件,引导幼儿边看边了解国旗。

教师:五星红旗代表中国,中国是我们的祖国,爱护五星红旗就是爱我们的祖国。

(2)教师带着幼儿玩猜一猜、比一比游戏。

教师:小朋友们,你们对我们的祖国了解吗? 今天,我们就来进行一场有关"了不起的中国"的比赛。

教师把幼儿分成红、蓝两队,并介绍比赛规则。

教师:接下来,大屏幕上会出现一些图片。每队请一个小朋友猜图片上是什么,答题又快又准确的小朋友获胜,他所在的队伍加一分。

教师依次出示图片,引导幼儿快速说出答案。

教师出示熊猫图片。

教师:老师为什么要把熊猫放在第一个?因为它是中国的国宝。

教师出示长城图片。

教师:老师为什么要选择长城图片呢?因为万里长城是我们的先人们建造的,它凝聚着我们祖先的血汗和智慧,是中华民族的骄傲。很多外国人到中国来都会到长城去看看。

教师:小朋友们,前两题可是送分题。你们知道什么是送分题吗?送分题就是一看就知道答案的题,很简单。接下来的挑战很难,你们准备好了吗?

教师出示京剧表演图片并播放京剧表演片段,请幼儿欣赏。

教师:老师为什么要选择京剧图片呢?因为京剧历史悠久,集各地方戏曲之长,人们把它称为中国的"国剧",它是中国的国粹。

(3)教师带着幼儿玩看一看、说一说游戏。

教师依次出示以下图片:高铁图片、消防员图片、四大发明图片、风力发电图片。

教师:我们中国有非常珍稀的动物大熊猫,有了不起的建筑物长城,有了不起的四大发明,更有非常了不起的人。

教师引导幼儿了解中国地大物博,有许多了不起的地方。

(4)教师带着幼儿玩想一想、说一说游戏。

教师:接下来,我们再来一场PK赛。这一次说一说中国了不起的人、了不起的地方和了不起的事情,谁说的有道理,他所在的队伍就可以加一分。

幼儿自由讲述。

教师小结:中国有先进的科学技术、有闻名世界的建筑,还有很多了不起的手艺,这些都是了不起的中国人创造的。中国人民勤劳、勇敢、聪明,我们作为中国人应该感到非常骄傲和自豪。

(5)教师带着幼儿欣赏诗歌,进一步让幼儿感受中国的了不起,萌发爱祖国、爱国旗的情感。

3.结束部分。

教师:作为中国人,我们感到非常骄傲和自豪,你们有什么话想对祖国妈妈说吗?

幼儿自由讲述。

教师：祖国在我们心中，希望你们现在学好本领，将来为祖国的发展贡献自己的力量。

活动二：国庆知多少

❦ 活动目标

1. 增强爱国主义情感，懂得今天的幸福生活得来不易，从而更加珍惜。

2. 知道10月1日是国庆节，了解中国的首都是北京，了解国旗、国徽的含义。

3. 初步了解中华人民共和国成立以来取得的伟大成就，激发自豪感，敢于在集体面前表达观点。

❦ 活动准备

开国大典、大阅兵纪录片片段。

❦ 活动过程

1. 教师引导幼儿感受节日的气氛，知道国庆节。

教师带着幼儿集体演唱国歌。

教师：小朋友们，你们有没有发现这几天街上有什么变化？我们的教室里有什么变化？（引导幼儿观察教室里有关国庆节的墙饰）

教师：国庆节是几月几日？人们在这个节日里会举行一些什么活动？

2. 教师组织幼儿观看纪录片片段，引导幼儿进一步理解设立国庆节的意义。

(1)教师带着幼儿观看开国大典纪录片片段。

教师：你们看到了什么？

教师引导幼儿了解毛泽东主席宣布"中华人民共和国中央人民政府成立"时激动人心的场面和当时人们庆祝国庆的欢乐场景，感受当时人们自豪的心情。

(2)教师带着幼儿观看大阅兵纪录片片段。

教师：你们看到了什么，与刚才看的视频有什么区别？

3. 教师引导幼儿对祖国妈妈说一句祝福语。

活动三:《国旗红红的哩》歌曲欣赏

活动目标

1. 能用自然、响亮的声音有感情地演唱歌曲。

2. 会用领唱、齐唱等多种形式进行演唱。

3. 体验用不同形式进行演唱的乐趣。

活动准备

1. 升国旗的视频材料。

2. 组织幼儿观看升旗仪式。

活动过程

1. 教师带着幼儿进行发声和气息练习。

(1)教师引导幼儿回忆之前观看的升国旗仪式。

(2)教师带着幼儿做呼吸练习和发声练习。

2. 教师带着幼儿学唱新歌。

(1)教师和幼儿一起观看升国旗视频。

教师:除了在刚才看到的升国旗场面中,你还在哪些地方见过国旗?今天老师带来一首有关国旗的歌曲,让我们一起来听一听,然后学着唱一唱吧。

(2)教师播放歌曲《国旗红红的哩》,让幼儿欣赏。

教师:这首歌里唱的是什么?

3. 教师引导幼儿理解歌词。

4. 教师随着音乐伴奏有节奏地朗诵歌词,并向幼儿介绍衬词"哩"。

5. 教师让幼儿随着音乐伴奏练习读歌词,提醒他们要跟上节奏。

6. 教师带着幼儿在音乐的伴奏下学习唱歌,重点练习唱休止符和顿音。

7. 教师引导幼儿用多种形式演唱,学习领唱、齐唱。

延伸活动

教师指导幼儿用黄色蜡光纸制作闪闪的五角星。

活动四:制作国旗

活动目标

1. 通过制作国旗,了解国旗的特征。

2.通过学唱歌曲《国旗红红的哩》《义勇军进行曲》,增强民族自豪感。

活动准备

教学课件、中国地图一幅。

活动过程

1.教师与幼儿共同交流有关国庆节的知识。

(1)教师讲述国庆节的来历,讲述国旗、国徽的特征,带着幼儿听国歌《义勇军进行曲》。

(2)教师带着幼儿学唱歌曲《国旗红红的哩》。

2.教师带着幼儿动手制作国旗,培养幼儿的动手能力。

教师给幼儿发放红色和黄色的即时贴,和幼儿一起制作国旗。

3.教师引导幼儿认识中国地图,并在地图上指认出首都北京。

教师出示中国地图,告诉幼儿首都北京在地图上的位置。

【大手拉小手 乐绘大好河山】(家园亲子活动)

活动目标

培养创造力、想象力和动手能力,提高合作意识,激发热爱祖国大好河山的美好情感。

活动准备

长卷画纸、泡沫垫、马克笔和《我爱北京天安门》歌曲音频资料等。

活动过程

1.家长和幼儿在《我爱北京天安门》音乐声中入场。

2.待所有人员到场后,全体起立,唱国歌、升国旗。

3.幼儿及家长共同进行长卷画创作。

4.待长卷画创作完毕,教师展示"乐绘大好河山"长卷画作品,鼓励大家欣赏交流。

5.拍照合影记录难忘而美好的瞬间。

5.全体幼儿、家长有序离场。

【童心颂祖国红歌会】

活动目标

1. 增强爱国主义热情,懂得幸福生活来之不易,懂得珍惜和感恩。

2. 初步了解什么是合唱。

3. 敢于在集体面前大胆表现,培养自信、明理的品格。

活动准备

各班幼儿都排练好两首红歌,相关音频资料等。

活动过程

1. 教师组织幼儿入场,引导幼儿有秩序地坐好。

2. 主持人讲话,介绍国庆节,并说明唱红歌的意义。

3. 各班按照顺序进行演唱。

4. 主持人宣布红歌会结束。

5. 各班在教师的带领下有秩序地离场。

祖孙情，重阳乐
——重阳节主题活动

❧设计意图

金秋时节，重阳将至。重阳节是一个登高望远、品糕赏菊、插茱萸的日子，也是一个敬老爱老的日子。开展重阳节主题活动能增进幼儿对中国传统文化的了解，有利于幼儿情感、行为的发展，有助于幼儿了解民俗习惯、社会礼仪、道德规范等。通过活动，还可以让幼儿体验与老人之间浓浓的亲情，并用自己的实际行动来表达对爷爷、奶奶的感恩之情。开展重阳节主题活动还能引导幼儿爱身边的每一位老人，感悟人间真情，同时也让老人们因为孩子的成长与进步而感到欣慰与骄傲。

❧主题活动目标

1. 知道重阳节是我国的传统节日，是爷爷、奶奶的节日，初步了解重阳节的习俗。

2. 乐意参加与重阳节有关的活动，尝试用自己的方式表达对老人的关心和节日的祝福。

3. 了解爷爷、奶奶对自己的爱，激发关心、亲近老人的美好情感。

❧主题活动准备

1. 教师设计主题活动方案。

2. 更新区角布置，创设与重阳节有关的区域环境，在活动区域投放活动材料。

❧家园共育

1. 请家长和幼儿一起收集有关重阳节的资料，给幼儿讲述重阳节的习俗。

2. 请家长和幼儿一起观看重阳节庆祝活动的影像资料。

3. 请爷爷、奶奶参加幼儿园的重阳节亲子活动。

【我们的节日·重阳】(各领域活动)

活动一:《重阳节快乐》歌曲赏析

活动目标

1. 欣赏儿歌《重阳节快乐》,并初步学唱儿歌。

2. 通过欣赏并学唱儿歌,懂得要关心老人,要对老人有礼貌。

3. 在表演活动中能够抓住人物的主要特征,并表演出来。

活动准备

1. 活动前引导幼儿了解有关重阳节的知识。

2. 爷爷、奶奶们开怀大笑的图片。

3.《重阳节快乐》音频资料。

活动过程

1. 教师出示图片,导入活动。

(1)教师出示图片,引起幼儿的兴趣。

教师:小朋友们,你们看看图片上是谁呀?他们怎么啦?他们为什么笑呢?哦,因为他们要过节了,所以笑得那么开心。

2. 教师让幼儿欣赏儿歌《重阳节快乐》。

《重阳节快乐》:重阳到,重阳到,爷爷、奶奶节日好。我们非常感谢您,向你们节日问个好。爷爷、奶奶快乐多,我给你们唱支歌。最美不过夕阳红,幸福花儿一朵朵。

(1)教师完整地朗诵一遍儿歌歌词。

(2)教师播放儿歌音频,让幼儿认真听一遍。

(3)教师带着幼儿学唱儿歌,注意帮助幼儿矫正不准确的发音。

3. 教师请幼儿说说平时可以用哪些方式来表达对爷爷、奶奶的爱,可以让幼儿模拟情境,分角色进行表演。

活动二:我爱爷爷、奶奶

活动目标

1. 知道爷爷、奶奶年纪大了,行动不便,有保护他们的愿望。

2.感受老人对自己的关爱,懂得尊敬老人。

活动准备

一些老人用的物品(拐杖、老花镜等)、爷爷和奶奶的日常生活照片。

活动过程

1.教师展示照片,让幼儿观察。

教师:他们是谁?他们在做什么?他们的脸上是什么表情?

2.教师出示提前准备好的物品。

教师:这些东西是谁用的呢?

3.教师请幼儿模仿老人的动作,感受老人的行为。

教师:爷爷、奶奶年纪大了,行动不方便,我们应该帮助他们。

4.教师组织幼儿讨论。

教师:平时爷爷、奶奶在家里都做些什么?

让幼儿模仿日常生活中爷爷、奶奶的行为,如做饭、打扫卫生等。

教师:除了这些事情,他们还做了什么?

幼儿:送我上学,接我回家。

教师:爷爷、奶奶辛苦吗?我们应该怎么做?

5.教师让幼儿对自己的爷爷、奶奶说一句心里话。

活动三:送给爷爷、奶奶的贺卡

活动目标

1.愿意动手折折、贴贴,制作贺卡。

2.知道重阳节是爷爷、奶奶的节日,体验尊敬、热爱祖辈的情感。

活动准备

制作贺卡的卡纸、各种颜色的手工纸、固体胶等。

活动过程

1.教师引导幼儿说说自己的爷爷、奶奶,让他们动手为爷爷、奶奶做贺卡。

(1)教师请几名幼儿拿着照片介绍自己的爷爷、奶奶。

(2)教师引导幼儿想一想爷爷、奶奶为自己做过哪些事情,激发幼儿对爷爷、奶奶的感激之情。

(3)教师引导幼儿说说自己能为爷爷、奶奶做些什么。

教师:你们知道农历九月九日是什么节日吗? 对,是爷爷、奶奶的节日。他们为我们做了很多事情,你们在重阳节想送给他们什么礼物呢?

(4)教师出示贺卡,激发幼儿兴趣,同时示范制作贺卡。

2.教师鼓励幼儿制作贺卡。

(1)教师提供制作贺卡的材料,鼓励幼儿选择喜欢的材料贴在贺卡纸上,制作送给爷爷、奶奶的贺卡。

(2)教师引导幼儿想一句祝福爷爷、奶奶的话,教师帮忙写在贺卡上。

3.活动总结。

教师:我们把贺卡送给爷爷、奶奶的时候要说什么?

幼儿:祝爷爷、奶奶节日快乐。

【祖孙情　重阳乐】(家园亲子活动)

活动目标

1.激发关爱老人的情感。

2.体验动手制作贴画的快乐。

活动准备

1.家长和幼儿共同收集的不同形状的树叶。

2.双面胶、彩色卡纸等。

3.重阳糕、糖果。

活动过程

1.教师介绍重阳节知识,激发幼儿关爱老人的情感。

教师:小朋友们,你们知道今天是什么节日吗?

幼儿:重阳节。

教师:重阳节是谁的节日?

幼儿:爷爷、奶奶。

教师:爷爷、奶奶平时照顾我们非常辛苦,为了表达对他们的尊敬和感谢,我们可以陪着他们登高望远,和他们一起品尝重阳糕、赏菊花。今天我们把小朋友们的爷爷、奶奶请到了幼儿园,让我们陪他们度过一个难忘的节日。

2.教师带着幼儿表演儿歌《重阳节快乐》,表达对爷爷、奶奶的感激之情。

教师:为了祝贺爷爷、奶奶节日快乐,感谢他们对我们的关心和照顾,我们一起表演《重阳节快乐》,表达我们对他们的感激之情吧。

3.教师鼓励幼儿与爷爷、奶奶互动,共同表演歌曲《爱我你就亲亲我》。

4.教师对幼儿进行礼仪教育,让幼儿和爷爷、奶奶一起吃重阳糕。

教师:平日里爷爷、奶奶对我们呵护有加,今天为了庆祝爷爷、奶奶的节日,我们可以为爷爷、奶奶送上热茶和重阳糕,表达对他们的关心和祝福。

5.教师请老人和幼儿一起制作树叶贴画,让他们感受幼儿的成长与进步。

教师:秋天到了,很多树叶飘落下来。飘落的树叶可以用来做什么?让我们和爷爷、奶奶一起用它们来做树叶贴画吧。

✧ 活动延伸

请幼儿回到家后,为爷爷、奶奶做力所能及的事情。

【情满九月九 爱在夕阳红】(慰问敬老院里的老人)

✧ 活动目标

1.为敬老院的老人送去节日的祝福,通过与老人交流,感受老人的辛苦和不容易。

2.能积极参与活动,用自己的方式表达对爷爷、奶奶的关心、爱护。

3.增进和爷爷、奶奶的感情。

4.通过此次活动传播互相帮助、助人为乐、无私奉献、不求回报的志愿者精神。

✧ 活动准备

1.幼儿园联系好敬老院。

2.幼儿制作好小礼物。

3.幼儿园准备好礼物。

4.重阳糕、菊花茶若干。

✧ 活动过程

1.幼儿园志愿者和幼儿代表来到敬老院。幼儿为爷爷、奶奶们演唱歌曲。

教师:看到今天的幸福生活,我不禁想到那些为了我们今天的幸福生活而光荣牺牲的革命先烈。首先,让我们有请小朋友们为我们带来红歌《国旗多美丽》和《我是勇敢小兵兵》,大家掌声欢迎。

幼儿演唱歌曲。

教师:教师是让人尊重的职业,班里的一些幼儿告诉我,他们长大了也要当老师,请欣赏他们演唱的歌曲《我来当老师》。

幼儿演唱歌曲。

教师:老人是社会的财富,更是生活的宝典,让我们怀揣一颗感恩的心,关心老人,关爱老人。请欣赏儿歌朗诵《重阳到》,掌声欢迎。

幼儿表演儿歌朗诵。

2. 幼儿给爷爷、奶奶们送礼物。

教师:古人云,百善孝为先。尊老、敬老是我们中华民族的传统美德,这种美德历来被人们传颂,尤其是在社会经济迅速发展的今天,这种美德更值得我们弘扬。今天,小朋友们都准备了精美的礼物,现在请你们把礼物送给爷爷、奶奶们吧。

3. 幼儿进行早操表演。

教师:接下来,请欣赏早操表演《袋鼠妈妈上学去》和《兔子跳跳跳》,可爱的小动物们要给我们带来欢乐了。

4. 幼儿和爷爷、奶奶们一起喝菊花茶、吃重阳糕。

教师:尊老、敬老是传统美德,今天的志愿者们为爷爷、奶奶们带来了好吃的重阳糕,希望我们的爱心可以为爷爷、奶奶们带来温暖。

5. 活动结束。

教师:虽然我们的活动接近尾声了,但是我们的敬老行动永远不会结束。

活动小结

尊老、敬老是中华民族的传统美德,为了进一步弘扬民族文化,传承中华民族的传统美德,在重阳节到来之际,幼儿园志愿者带领幼儿来到敬老院开展重阳节爱老、敬老活动,为敬老院的老人们送来心灵的抚慰,让他们感受到了温暖。

来到敬老院,志愿者把慰问品送到老人们手中,并祝他们节日快乐。幼儿还为老人们表演了精心准备的节目,赢得了老人们的赞许。幼儿给爷爷、奶奶们敬菊花茶、献重阳糕,还为老人们捶背、敲腿,并赠送自己与爸爸、妈妈一起制作的精美慰问品。敬老院里其乐融融,一片欢声笑语,老人们的感动溢于言表,慰问活动在温馨、祥和的氛围中圆满结束。

在这次活动中,老人们感受到了节日的温馨和欢乐,幼儿用自己的方式表达了对老人们的爱,亲身体验了尊老、爱老、亲老,接受了传统美德教育,在幼小的心灵中播下了尊老、爱老、敬老的种子。

大手牵小手,消防119
——消防安全日主题活动

❧ **设计意图**

　　119是火灾报警电话,11月9日是全国消防日。这个特殊的日子和数字,让人们印象深刻。在全国消防日到来之际,为进一步加强校园消防安全知识宣传和普及,丰富师幼的消防知识,防止在火灾多发的冬季发生火灾,我们组织开展了消防安全日主题活动。

❧ **主题活动目标**

　　1.深入推进消防安全工作,普及消防知识,增强全体教职工和幼儿的防火意识。

　　2.切实保障师幼的人身安全,提升他们的火灾自救能力,使他们掌握简单的火灾扑救方法。

❧ **主题活动准备**

　　1.教师设计主题活动方案,在主题墙装饰中渗透消防安全日主题活动内容,在活动区域投放活动材料。

　　2.请家委会成员联系当地消防部门确定参观事宜,并请家长给幼儿讲述有关消防安全的知识。

❧ **主题活动意义**

　　1.宣传和普及消防安全知识和技能,提高全体师幼的消防安全意识。

　　2.避免火灾发生,共创平安和谐校园。

【消防疏散演练活动】

❧ **活动目标**

　　进一步增强幼儿园师幼的消防安全意识,提高师幼的自救和防范能力,使他们做到在发生火灾时,临危不乱,有序、迅速地按照消防逃生路线安全疏散,确保生命安全。

开展紧急疏散演练,巩固幼儿所学的消防安全知识,让他们逐步学会遇事不慌、积极应对、自我保护,让教职工掌握正确使用灭火器的方法及保护幼儿逃生的方法,提高应对突发事件的能力。

演练时间、参加人员

时间:11月9日(上午10:00)

人员:中、大、小班幼儿和全体保教人员

工作小组职责

1. 协助指挥人员:各班教师及保育员

职责:负责在演练前清点幼儿人数,在演练时带领幼儿迅速撤到安全地带,到达安全地带后清点幼儿人数并上报给组长。

2. 现场警戒小组:后勤人员

职责:具体负责提醒、督促幼儿和其他人员进入安全地带。

3. 救护小组:保健医生和后勤人员

职责:具体负责演练疏散过程中发生意外事故的应急救护和拨打119火警电话、120急救电话。

4. 安全管理:门卫和各班教师

职责:在疏散过程中负责幼儿不跑出幼儿园,清点幼儿人数,安抚幼儿情绪,保证幼儿的安全。

以上工作人员负责幼儿疏散时的撤离秩序、安全管理,严防拥挤事故发生。

5. 报警小组:值班教师

职责:负责火警预报,向分管领导打电话报警。

6. 业余消防员:后勤人员

职责:负责拿灭火器灭火。

准备工作

1. 将即将过期的灭火器全部收集起来,统一归置。

2.准备一些易燃物品。

3.准备水桶、水管和一些清扫用品。

4.录制警报、制作消防宣传横幅。

5.师生事先熟悉校园安全通道、安全出口、下楼梯线路和顺序等。

疏散管理

1.疏散命令:由总指挥(园长)根据情况发布疏散命令。

2.疏散警报:由总指挥(园长)发出。

3.各班幼儿在教师带领下,沿安全逃生线路集中到安全场地。

注意:具体疏散时还要根据现场实际情况,听从教师的指挥,疏散通道必须保证通畅。现场指挥人员可以根据现场情况、人流密度,对疏散路线作出调整。

4.疏散指导。

疏散指导小组的任务是维持疏散秩序,指明疏散方向。在拐弯处应有人员引导,避免幼儿误入危险区域,要避免推搡、挤压等情况发生。如果有人摔倒,要立即扶起来,防止踩踏事故发生。

5.集合地点:操场。

6.人员清点:各班教师在集合地点清点疏散出来的幼儿人数,并继续寻找滞留在火灾现场的幼儿和"受伤"人员,帮助其安全撤离。疏散工作小组成员应及时向总指挥(园长)报告疏散情况。

演练准备阶段

1.所有幼儿进入自己所在的活动室。

2.各班教师清点幼儿人数、准备好湿毛巾。

3.各工作小组进入现场。

正式演习阶段

1.总指挥(园长)宣布消防演练和紧急疏散演练开始。

2.发现和确认"火灾"事故发生及火灾位置。

3.迅速启动火灾事故应急处置预案。

4.警报响起、紧急疏散。

(1)各班幼儿排成一排,沿墙边弯腰快走。

(2)每个幼儿都用小毛巾捂着鼻子走。

(3)教师提醒幼儿逃生时不抢道、不惊慌。

(4)教师组织幼儿有序撤离。

(5)重点危险地带要有专人把守(楼梯口、楼道转弯处),各工作小组人员分工要明确(疏散队伍前后顺序安排,防止发生挤压事故)。

(6)集中到操场,教师清点人数。

5.疏散注意事项。

(1)关闭电、气设备,切断电源。

(2)在疏散时,任何人都不应携带个人物品,更不允许有人逆向跑窜寻找个人物品。

(3)提醒疏散的幼儿不要惊慌,确保幼儿安全撤出。

消防灭火

1.在操场空地点燃火焰。

2.业余消防员用手中的灭火器、水桶扑灭火焰。

注意灭火器的正确使用方法:一提、二拔、三瞄、四压。

灭火时要注意风向,不要站在下风口。

3.消防演练后续清洁工作。

(1)用扫帚清除干粉。

(2)用水桶和水管冲洗场地。

(3)回收灭火器空瓶,清理底部生锈的灭火器。

【参观消防队】(社会实践活动)

活动目标

1.通过实地参观消防队,进一步了解消防知识,掌握遇到火灾时的逃生和自救常识。

2.观看消防演习,从小树立向解放军叔叔学习的志向。

3.通过参观,对消防员这种特殊的职业有一个全面的认识并关注生命安全,激发尊敬、热爱消防官兵的美好情感。

活动准备

1. 活动前请幼儿收集和了解有关消防安全的知识,对幼儿进行安全教育。
2. 确定参观场地及相关事宜。
3. 联系好交通工具。

活动过程

1. 请消防员给幼儿讲解各种消防器材、救援装备的作用及使用方法。
2. 教师带领幼儿参观消防员的宿舍。
3. 教师引导幼儿观看消防演习及攀登训练塔表演。

活动要求

1. 各班 8:40 时整队集合。
2. 幼儿穿上合适的衣服,尽量穿运动鞋。
3. 教师要清点好幼儿人数,在活动中保障幼儿安全。

活动建议

1. 班级可自备摄录器材,将活动过程记录下来。
2. 参观结束后,请各班以展板或其他形式展示活动成果,鼓励家长帮助孩子将活动感受记录下来,教师要对活动进行总结。
3. 保障幼儿安全,随时清点幼儿人数,在观看消防表演和上下楼梯时一定要提醒幼儿注意安全。

情暖冬至,传承民俗
——冬至节主题活动

❧ 设计意图

在我国古代,冬至是一个重要的节日,甚至有"冬至大如年"的说法。在冬至这天,除了祭天祭祖,北方地区还有宰羊、吃饺子、吃馄饨的习俗,南方地区则有吃冬至米团、冬至长线面的习惯。

但现在不是每个孩子都知道冬至节。现代人的生活节奏很快,一些温馨、丰富而有意义的传统节日习俗被人们遗忘了。幼儿园通过开展与冬至节相关的主题活动,可以让幼儿进一步了解中国的传统习俗。

❧ 主题活动目标

1. 知道冬至节的由来,了解冬至节的习俗。
2. 加深对祖国的热爱之情。
3. 感受集体劳动的快乐,增进亲子感情。

❧ 主题活动准备

1. 教师设计主题活动方案,在活动区域投放活动材料。
2. 请家长给孩子讲有关冬至节的故事。

❧ 家园共育

1. 请家长帮忙准备包饺子的工具。
2. 家长和幼儿交流包饺子的感受。

【我们的节日·冬至】

活动一:冬至节我知道(社会活动)

❧ 活动目标

1. 了解我国的传统节日冬至节,初步了解冬至节的习俗。

2. 知道冬至是北半球全年中白天最短、黑夜最长的一天。

3. 加深对祖国的认识,知道中国是一个拥有悠久文化的多民族国家。

活动准备

与冬至节习俗相关的图片。

活动过程

1. 教师引导幼儿了解冬至节气的特点。

教师:小朋友们,今天是冬至,你们知道冬至节这个节日吗?冬至是二十四节气之一,此时北半球在全年中白天最短,黑夜最长。

教师:小朋友们,你们知道《二十四节气歌》吗?春雨惊春清谷天,夏满芒夏暑相连,秋处露秋寒霜降,冬雪雪冬小大寒。这朗朗上口的节气歌不仅韵律优美,而且包含了劳动人民的智慧。

教师:冬至这天,我们有什么习俗呢?(出示相关图片)

教师:冬至这一天是北半球全年中白天最短、黑夜最长的一天。此后,白天开始慢慢变长,黑夜开始慢慢变短。

2. 教师组织幼儿参加区角游戏,制作冬至美食。

教师引导幼儿了解冬至要吃的食物,如饺子、馄饨等。

3. 教师教幼儿用黏土包饺子。

活动二:开心包饺子(亲子活动)

活动目标

1. 锻炼动手能力,增强自立意识。

2. 感受集体劳动的快乐。

3. 和父母一起包饺子,增进亲子感情。

活动准备

1. 请家长准备擀面杖、围裙,教师告知家长活动时间、地点(提前两天通知家长)。

2. 幼儿园厨房准备饺子馅、包饺子用的面,并将馅和面以班级为单位分好,等待各班级生活老师来领取。

活动过程

1. 包饺子阶段。

包饺子活动以班级为单位进行。

(1)家长和孩子一起擀饺皮、包饺子。

(2)班级生活老师负责领取包饺子的面和馅,并和指定家委会成员负责把包好的饺子送到厨房。

(3)教师负责维持班级秩序、活跃气氛。

(4)家委会指定专人负责拍照、维持秩序。

2. 吃饺子阶段。

(1)班级生活老师和指定家委会成员负责把煮熟的饺子分发到幼儿的餐盘中,让他们品尝自己包的饺子。

(2)请家长品尝,家委会指定专人负责维持秩序。

3. 活动结束。

教师进行活动总结,评价幼儿的表现,并表达对家长支持的感谢。

欢欢喜喜迎新年
——新年主题活动

❧ 设计意图

新年(元旦)是新的一年的开端,为了激发幼儿的探究欲望,让他们体验过新年的快乐,我们从认识新年—迎接新年—庆祝新年三个环节入手,通过让幼儿参与谈话、观看大人们的庆祝活动、学唱歌曲来加深他们对新年(元旦)的认识与了解;让幼儿通过亲手布置活动环境、开联欢会等形式庆祝新年,感受新年期间的喜庆气氛。

❧ 主题活动目标

1. 知道元旦是新年的第一天,了解庆祝元旦的方式。
2. 积极参加元旦庆祝活动,感受迎接新年的快乐,体会生活的幸福。

❧ 主题活动准备

1. 教师设计主题活动方案,在活动区投放活动材料。
2. 家长和幼儿一起回忆过去,憧憬未来,在新年第一天做一件有意义的事情。

【开开心心迎新年】(各领域活动)

活动一:认识新年

❧ 活动目标

1. 知道1月1日是新年的第一天,又称"元旦"。
2. 用"有的……有的……还有的……"句型表达自己的想法。
3. 通过回忆过新年时的情景和为过好新年而做的准备活动,体会生活的幸福与美好。

活动准备

挂图、日历各一份,人们通过不同方式迎接新年的视频资料。

活动过程

1. 教师出示日历,引导幼儿讨论。

教师:元旦是什么节日?

2. 教师出示挂图,引导幼儿观察并讲述。

教师:新年到了,图片上的老师和小朋友在干什么?他们脸上的表情是什么样的?小朋友们,请试着用"有的……有的……还有的……"句型描述图片上的情景。

3. 教师和幼儿一起观看视频资料。

教师:大人们是怎样迎接新年的?

幼儿:唱歌、跳舞、包饺子……

4. 教师组织幼儿讨论。

教师:你们又长大了一岁,你们觉得自己能做哪些力所能及的事情?

活动二:《新年好》歌曲学习

活动目标

1. 感受三拍子歌曲的节奏特点。
2. 学习用活泼、轻快的声音演唱歌曲《新年好》。
3. 熟悉歌曲旋律,感受迎新年的气氛。

活动准备

人们欢庆新年的图片及音频资料。

活动过程

1. 教师出示图片,引导幼儿就图片内容展开讨论。

教师:人们都是怎么庆祝新年的?

2. 教师组织幼儿学唱歌曲《新年好》,提醒幼儿掌握三拍子歌曲的节奏特点。

3. 教师请幼儿为歌曲配上合适的动作。

活动三:剪窗花

🌿 **活动目标**

1. 欣赏窗花的美。

2. 学习折窗花和剪窗花,发展手部小肌肉动作。

3. 对剪纸活动感兴趣。

🌿 **活动准备**

1. 有关窗花的视频,如窗花的由来的解说,各种各样的窗花样式。

2. 彩色纸若干,剪刀、胶水等。

🌿 **活动过程**

1. 教师请幼儿观看各种各样的窗花及解说有关窗花的由来的视频,激发幼儿剪窗花的兴趣。

2. 教师带领幼儿观察窗花,并示范、讲解如何剪窗花。

3. 教师鼓励幼儿尝试剪窗花。

4. 教师展示幼儿的作品。

活动四:迎接新年

🌿 **活动目标**

通过参与布置活动环境,感受迎新年的快乐气氛。

🌿 **活动准备**

彩色皱纹纸条,胶水,气球。

🌿 **活动建议**

1. 教师组织幼儿讨论。

教师:小朋友们,我们怎样做能使我们的活动室更漂亮?

2. 教师请幼儿围坐在桌子旁,和教师一起用皱纹纸做彩带。

3. 教师和幼儿一起将做好的彩带粘在气球上,然后把气球挂在活动室里,装扮活动室。

4. 在活动的最后,教师和幼儿一起打扫活动室。

【童心童话·伴我成长】(新年童话剧展演)

✿ 活动目标

1. 接触经典文学作品,激发阅读兴趣,提高阅读技能。
2. 通过讲述故事、表演童话剧等,培养对文学作品的兴趣,提高对文学作品的表现能力和阅读能力。

✿ 活动准备

1. 以班级为单位,每个班都选择一个剧本,鼓励所有幼儿都参与活动。
2. 表演所需的服装、音乐、道具由班级准备,化妆品由幼儿园统一准备。
3. 准备好演出场地。

✿ 活动过程

以班级为单位进行表演,每个班级自选表演作品。要求全班幼儿都参与策划和表演。

童话剧主持稿:

主持人:亲爱的小朋友们,大家上午好!

新年的钟声即将敲响,时光的车轮继续向前,享受着冬日里温暖的阳光,满怀着喜悦的心情,我们迎来了崭新的一年。

童年是一支悠扬的歌,跳跃着一个又一个美妙的音符;童年是一首快乐的诗,充满奇妙的幻想和憧憬;童年还是一部精彩的童话剧,童话世界里的一切都是那么美好。

童心童话·伴我成长——童话剧展演活动要开始啦,小朋友们,你们准备好了吗?

丰收的季节到了,大家都很高兴。有个老爷爷种了很多萝卜。有一个萝卜长得很大很大,他拔呀拔呀,怎么也拔不动。怎么办呢?我们大一班小朋友是怎么把萝卜拔出来的呢?请欣赏大一班童话剧表演《拔萝卜》。

一月一,年初一,一月二,年初二,年初三,早上床,今夜老鼠娶新娘。《老鼠娶新娘》是一个非常经典的传统故事哦!小朋友们,你们知道这个故事的内容吗?这要从老鼠村的村长想把自己漂亮的女儿嫁给全世界最强的新郎开始说起……请欣赏大二班童话剧表演《老鼠娶新娘》。

暖和的春天来了,池塘里的冰融化了。青蛙妈妈睡了一个冬天,也醒来了。她从泥洞里爬出来,"扑通"一声跳进池塘里,在水草上产下了很多黑黑的、圆圆的卵。春风轻轻地吹过,太阳光照着。池塘里的水越来越暖了。青蛙妈妈下的卵慢慢地活动起来了,变成了一群大脑袋、长尾巴的蝌蚪……请欣赏大三班童话剧表演《小蝌蚪找妈妈》。

在欢快的音乐声中,兔妈妈和三只小兔围成圆圈一齐念:小白兔,白又白,两只耳朵竖起来,爱吃萝卜,爱吃菜,蹦蹦跳跳真可爱……请欣赏大四班童话剧表演《小兔乖乖》。

每个人的成长都离不开童话的陪伴,美丽的童话让我们学会了许多做人的道理,给了我们勇气和智慧。童话剧《老虎拔牙》里的大老虎爱吃糖,结果烂了牙齿,聪明的小动物把老虎的牙齿都拔光了!这个童话可真有趣!请欣赏大五班童话剧表演《老虎拔牙》。

欢乐的时光总是这么短暂,团聚的日子特别让人难忘。今天,我们欢歌笑语,明天,我们畅想未来,深深地祝福你们开心每一天!健康每一天!祝愿我们的小朋友快乐成长。童话剧展演到此结束,我们明年再见!

后 记

一、在节日活动中体验感知传统节日的文化内涵

中国传统节日文化源远流长。近年来,我们通过开展节日庆祝活动,让幼儿感受并初步理解中华民族传统节日的丰富内涵,培养了幼儿对中华民族传统文化的热爱之情。

春节过后,寒假结束,我们迎来的第一个节日是正月十五元宵节。节日来临之际,幼儿园的院子里五彩缤纷,挂满了家长们带着孩子用废旧材料制作的各种各样的花灯。当花灯点亮之时,家长和小朋友们一起,共同品尝大家一起制作的元宵,之后猜灯谜、赏花灯,其乐融融,喜庆祥和。

清明节是我们祭奠先辈、缅怀感恩的传统节日。我们带领孩子们来到烈士纪念碑前,告诉他们革命先辈的英雄故事,让他们以诗歌赞美先辈的革命精神,用稚嫩的童声唱出心中的歌,献上一朵朵小花表达对先烈的敬仰之情。

端午节主题活动开始了。幼儿们带来各式各样的香囊装点活动室。五彩丝线结成的蛋网装着大大小小的鹅蛋、鸭蛋、鸡蛋,幼儿们把它们挂在脖子上,比比碰碰、乐乐呵呵。奶奶、外婆们则忙碌着进行包粽子比赛。当煮熟的粽子被端上来时,孩子们没有忘记让奶奶、外婆先吃,表达对他们的敬意,与他们共同分享节日的快乐。

八月十五月儿明,月饼圆圆甜又香。中秋节时,我们举行了"亲子赏月联欢晚会"。晚会上,幼儿们演唱的歌曲、家长与幼儿表演的有趣小品、教师们表演的舞蹈,让晚会现场歌声不断、笑声不停、掌声此起彼伏。孩子们还通过绘画、制作手工作品等方式表现对迷人的月亮宫殿的想象和向往,好一幅"欢欢

喜喜迎中秋,高高兴兴庆团圆"的快乐场面。

二、在节日活动中体验浓郁亲情,表达、传递爱

爱的教育应当从幼儿身边最亲近的家人开始,我们利用母亲节、父亲节、重阳节主题活动,让幼儿在与家人的互动中感受、理解家人对自己的爱,并让他们通过具体的行动把自己对家人的爱表达出来,同时也提升了家长对亲情与爱在孩子成长过程中重要性的认识,让家长在家庭教育过程中通过科学、理性的爱的传递,提高家庭教育的品质。

母亲节,我们开展"亲亲我的好妈妈"主题活动,教师带领幼儿为妈妈做礼物,让幼儿把大皮球揣在怀里一天,体验妈妈孕育宝宝的艰难,让幼儿为妈妈表演精彩的节目、给妈妈画一幅画像、喂妈妈吃甜美的点心、对妈妈说一句节日祝语……看到孩子们长大懂事,感受着孩子用自己的方式表达的浓浓的爱,妈妈们流下了幸福的泪水。

父亲节,爸爸们被教师悄悄地请到幼儿园。在听完绘本故事《我爸爸》后,伴随着幼儿"爸爸我爱你""爸爸我想你"的呼唤,爸爸们出现在孩子们的面前。当幼儿扑向意外出现的爸爸的怀抱里时,激动的不只是孩子,还有平日里一贯坚强的爸爸们。坐在幼儿身边,听着宝贝在同伴面前交流"夸夸咱老爸"的话题,爸爸们更加意识到自己在孩子心目中的重要位置及自己在孩子成长过程中不可替代的作用,他们表示会抽出更多时间陪伴孩子。

重阳节,我们请来爷爷、奶奶或外公、外婆,让他们和幼儿一起过节。孩子们和老人们一起表演精彩的节目,老人们表演的歌舞、太极、书法等绝活,赢得孩子们阵阵喝彩;孩子们给老人们敬上菊花茶、喂他们吃重阳糕、和他们一起用金秋落叶创作拼贴画……祖孙情,重阳乐,尽享天伦之乐的老人们心中比吃了蜜还甜许多许多,敬老、爱老的中华民族优良传统,在歌声与欢笑中得到弘扬与传承。

三、家长对活动的支持与参与,使教育主题得到升华

在寒假期间,我们把元宵节的活动计划告诉家长,请他们在节日的氛围中

和孩子一起做一盏花灯,留待在元宵节灯谜会时挂展。因为家长的积极参与,满园花灯五彩斑斓,使幼儿园充满新春的喜庆与祥和,传统的元宵灯谜会以最直观、最生动的方式让幼儿身临其中,喜气洋洋。

平常来幼儿园接送孩子、陪伴孩子的多是妈妈、爷爷或奶奶,爸爸发挥的作用往往是隐形的、理性的。在活动中,我们把"父亲教子经验交流"作为节日活动中的一个重要内容,在家长QQ群里组织家长进行主题讨论,向爸爸们发出"父亲教子经验感悟"征文倡议,并借父亲节这个机会让难得齐聚的爸爸们汇聚一堂,我们还组织召开"父亲教子经验交流会",让各位爸爸各抒己见,把自己的教子智慧与策略与到会的其他爸爸分享,共同提升教子能力。

如果说妈妈在孩子心目中的形象是慈爱与温暖的,那么爸爸的形象则是坚强与有力的。结合这样的特点,我们根据《3－6岁儿童学习与发展指南》中的运动指标,精心设计了父亲节亲子运动会游戏项目:爸爸们一起为幼儿搭起一个个长长的"山洞",让幼儿在"山洞"中嬉戏钻爬;爸爸们举起一根根横杆,幼儿像小猴荡秋千一样,锻炼抓握悬吊的能力;爸爸们合力拉起一条条宽阔的彩带,让幼儿在抖动如波浪翻滚的"海浪"上爬行前进,培养了他们的勇敢精神、锻炼了他们的运动协调能力……这些运动项目因为有了爸爸们的参与和配合,孩子们玩得十分开心,把节日活动推向高潮。

世界读书日,我们把家长推荐的好书精心摆放;幼儿自制的图书成为小伙伴们的最爱;自制书签像一面面小旗在长廊下随风摆动,吸引着家长和幼儿的目光;我们还把向家长征集的"亲子阅读感悟"征文和"亲子逛书城""我的小书屋""亲子读书乐"图片做成展板向家长和小朋友展出……所有这些都融入了家长们的智慧和热情,家长在满园的书香氛围中长时间驻足,并把他们的感动凝结成深情的文字传递给我们。我们为家长有这样深刻的理解和感悟而感到欣慰,更让我们对开展节日活动的深刻意义有了进一步的认识,也更加坚定了我们开展节日亲子活动的信心。

四、家长工作形式多样、内容丰富,积累了丰富的家长工作经验

针对如何做好家长工作,充分调动家长的参与热情,使他们加大支持力

度,我们做了大量的工作。实践证明,我们的家长工作内容是丰富的,形式是多样的,成效是显著的,为我们今后开展家长工作积累了丰富的经验。

1. 家长会是向家长宣传活动的主要方式

在每次亲子节日活动开始之前,各个班级都要召开一次以上的家长会,向家长介绍活动的意义,使家长较早地介入活动。

2. 通过班级QQ、微信群对家长进行活动指导

如在元宵节前在QQ或微信群里发彩灯制作图片,供家长参考;父亲节时组织家长在群里进行教子心得交流,让他们互相学习,取长补短;关于迎新年亲子运动会的运动游戏项目和锻炼方法,通过在QQ或微信群发视频向家长介绍,帮助家长们利用在家的时间带着孩子进行训练。因为家长的提前介入,活动不再是当天一时的即兴表演,所以效果更佳,影响力更大。

3. 组织家长利用放学接幼儿离园的时间认真做好节日活动准备工作,使活动的效果更好

如在举行庆六一亲子联欢会、国庆节红歌会和迎新年音乐会前,教师们不畏辛苦,组织幼儿放学后在幼儿园反复练习歌曲演唱、舞蹈动作。

4. 通过向家长发出征文倡议的方式,引导家长对相关教育问题进行深入思考,通过不同交流方式以点带面,互相学习、借鉴,提高家长们的家庭教育水平

如在世界读书日时征集"亲子阅读收获",父亲节时征集"父亲教子经验感悟"等。我们把优秀文章展示在幼儿园里的醒目位置,也曾组织交流会让家长分享教子经验,等等。

5. 开展专题讲座,向家长传递科学的教育理念和方法

世界读书日时,我们请幼教专家开展亲子阅读专题讲座,使家长认识到从小培养良好阅读习惯的重要性,掌握陪伴幼儿读书的有效方法;重阳节时,针对祖辈对孩子的溺爱问题召开做合格的祖辈教育者的讲座,使爷爷奶奶、外公外婆们意识到溺爱、娇宠等不正确的家庭教育方式对幼儿成长的不利影响,引导他们掌握科学、理性的育孙方法,等等。

五、积累了丰富的大型活动策划与组织的经验,有效地提升了教师的专业水平

1. 教师们的活动策划能力逐步提高,制订的方案的操作性、有效性更强

在每一次活动开展之前,教师们都会反复研讨,充分调动各方面积极性,集体讨论,集思广益,以制订最切合实际的活动方案。在方案实施后,教师们还会总结活动的亮点和反思活动的问题,对方案进行修改,使其更加完善。

2. 培养了一批勤于思考,富有创新意识和执行能力的中层力量

在活动实施前期,由相关教师负责活动方案的制订,再由年级组成员共同研讨修订后形成正式活动方案,最后由起草人负责组织实施。在这个过程中,每一位参与者均有机会独立承担活动策划与实施工作,也正是在这个过程中,每一位参与成员都得到了锻炼的机会。在具体操作过程中,幼儿园骨干教师的综合专业能力得到提升,中层领导在幼儿园各项教育工作中的执行力和带动作用得以凸显。

《幼儿园教育指导纲要(试行)》指出:"幼儿的社会态度和社会情感的培养尤应渗透在多种生活和一日生活的各个环节之中,要创设一个能使幼儿感受接纳、关爱和支持的良好环境,避免单一呆板的言语说教。"节日体验课程就是要让节日活动真正融入幼儿生活,让幼儿成为节日活动的主人,让他们在丰富多彩的节日活动中感受祖国之爱、民族之爱、社会之爱、自然之爱、亲人之爱……

总结过去,展望未来,在实施节日活动过程中,我们且行且思。在这个充满挑战、充满朝气的时代,我们将凭着求真务实的工作态度、踏踏实实的科研作风,积极探索,大胆改革创新,使节日体验课程更完善、更科学、更具实效。